第2版

文系女子のための日商簿記入門

数学が苦手でも安心！

堀川　洋 著

インプレス

本書の特長

● はじめて簿記の学習をされる方

・本書は、中学校を卒業された方から読み進められるように、できるだけわかりやすい解説になるよう努めています。簿記の学習をはじめるにあたって必要な専門用語の読み方や意味、数学の知識などが、ゼロからしっかり身に付けられる内容となっています。

・本書のストーリーは資格取得を目標に置いた構成になっていますが、会社経理のために簿記の知識が必要な方や、あるいは個人的に簿記そのものに興味を持っている方など、資格取得を目的としていない方にも、簿記を身に付けるために必要な知識がしっかり得られる構成となっていますので、ぜひご活用ください。

・また、日商簿記以外に、「全経簿記」「全商簿記」「日ビ簿記」といったさまざまな簿記資格の学習を始められる方も、役立つ内容となっていますので、本格的な学習を開始される前にまず本書をお読みいただくことおすすめします。

・本書にまとめられている項目は、商業系の高校生が、簿記学習の初期段階で学ぶ内容をほとんど盛り込みました。そのため、すべての項目をしっかり理解できるまで繰り返し読み込むことが重要です。本書での理解が不完全なままで日商簿記検定初級・3級の学習へ進むことはあまりお勧めできません。学習途中で挫折したり、何度受験しても合格点まで届かない可能性が高くなります。

● 初級・3級学習者および再受験者の方

・本書は、簿記初学者のために数学や帳簿づけ等の知識をまとめたもので、簿記検定試験の初期学習には必要不可欠の基礎知識です。
市販されている3級等の日商簿記受験用テキストでは、本書の内容は既知の知識としてほとんど省かれています。
簿記学習の初期段階である仕訳で挫折したり、挫折しそうな方は、まず本書の熟読をお勧めいたします。

インプレスの書籍ホームページ

書籍の新刊や正誤表など最新情報を随時更新しております。

https://book.impress.co.jp/

ビジネス資格の代表は「日商簿記検定」

社会人になるために準備をしておくということ

：最近、将来のことが少し不安なんだよね。王国のこともあるし、何があるか分からないから、なにかひとつくらい資格を取っておいたほうがいいかなーなんて、考えることがあるんだ。

：王子、それはすごくいいことです。この際だからぜひビジネス資格を取りましょう。

王子：ビジネス資格ってどんなものなの。

セバ：ビジネス資格というのは、簡単に説明すれば、英語のような一般教養的な資格や○○検定のような趣味の資格ではなく、仕事に直接役立つ資格を示すんです。
そしてこのビジネス資格は、就職活動の時に会社に提出するエントリー・シートや転職の時に書く履歴書の「資格欄」で自分のビジネス能力をうんとアピールすることができるんです。

王子：それで、どんな資格がそのビジネス資格にあるのかなあ～。

セバ：ビジネス資格の代表といえば、簿記の資格、それも日本商工会議所が主催するいわゆる「日商簿記検定」でしょう。

王子：何だか古めかしい名前だし、その資格を持っていて何か役に立つの～。

セバ：いやいや、それは日商の簿記資格の実力を知らないからです。大企業の社長のような人でも、若い時に簿記の資格を取ったからこそ偉（えら）くなったという人がすごく多いんです。それに、就職後に必要な簿記の知識や会社経理の実務のことなどをできるだけ早めに勉強しておくことはいいですよね。

王子：でも僕はそれなりの大学に通っているし、就職のときもだいじょうぶと思ってたんだけどな〜。

セバ：たしかに学歴も重要なのですが、場合によっては学歴より簿記資格の方が優先されることも多いのが事実なのです。

王子：そうやって聞くと、なんか簿記って本物のビジネス資格という気がしてくるよ。でもそんな大事な資格なら、なんでみんな簿記のことを勉強しないのかな〜。

セバ：いやいやとんでもありません、簿記の勉強をしている人の数はすごく多くて、王子が知らないだけで、目立たない資格なんていうことはまったくありません。

王子：そうなのかー。僕が知らないだけで、そんなスゴい資格だったんだね。

セバ：本書を学習すると会社経理の基礎も習得できますよ。

簿記を知ればビジネス知識も同時に身につく!!

簿記は経済常識の宝庫でもあるのです

：それからもうひとつ、とても大事なことですが、簿記は経済的な常識や専門知識も同時に身につけることができるんです。

：そうなんだよね、本当はもう大学生だからニュースの内容も少しは理解できなければだめなんだけど、なんだかチンプンカンプンというのが本音(ほんね)なんだ。

セバ：王子、安心してください。
簿記の勉強をすると簿記のことだけではなく、経済関係の基礎も同時に勉強できるので、社会人になる準備としてもとても有意義なのです。

王子：僕は今日初めて簿記のことを聞いたけど、簿記ってけっこう奥深いものなんだね。
簿記の資格の中身のことをもう少し教えて。

セバ：王子が簿記に興味を持ってくれたようなので嬉(うれ)しいです。それではせっかくですから、簿記のことをいろいろ説明しましょう。

ビジネス資格 ← 簿記学習 → 経済知識

ス タートはまず 日商簿記3級から

受験は3級からスタートして できれば2級も……

：それでは順番に簿記検定のことをお話ししましょう。
まず日商簿記検定というのは、最上位の1級から初級までの4ランクがあります。
一般的には初級からではなく3級から受験する人が多いですね。

：いちばん上の簿記1級なんていうと、なんかカッコいいし、すごいっていう感じがするよね。

セバ：まあ、簿記の入門者はまず3級に合格することが最初の目標です。

王子：何だか3級なんていうと、誰でも合格できる感じがするけど。

セバ：いやいやとんでもありません、年間で20万人以上が受験するのですが、合格率は50％前後ですから、2人に1人しか合格しないということです。

王子：エッ～、それって相当難しい試験ということなんじゃないの～。

セバ：実はこの合格率は、3級ぐらいだれでも合格できるだろうなどという甘い考えで受験する人がすごく多いので、こんな結果になっているのです。真面目に勉強して受験をすれば日商簿記3級はそれほどハードルは高くありませんから安心してください。

王子：そっか～よかった、あんまり初めから脅かさないでよ。それでやっぱり3級の次は2級ということになるのかな。

セバ：3級の合格者の多くがそう考えて2級の勉強を始めるのですが、当然のことながら2級はやはり相当手ごわいです。
3級に合格したから、それならついでに2級もという甘い考えで勉強をしてもだいたい挫折するのが普通です。

王子：でもね、やっぱり、3級の次は2級、さらに1級と考えるのが普通じゃないのかな～。

セバ：その気持ちは分かりますが、かなり本気で簿記の勉強をする覚悟が必要でしょう。ただ、エントリー・シートや履歴書に日商簿記2級という記入がしてあれば、かなり高い評価を受けることは間違いありません。
だから王子も、まずは日商簿記3級合格を目標にして、さらに2級を目指すという計画がよいでしょう。

王子：でも、せっかくだからさらにその上の日商簿記1級だって取りたいな～。

セバ：いやいや王子それは甘いです。
日商簿記1級というのは合格率が10％前後、10人受験して1人しか合格できないぐらいですし、受験準備に最低でも1年、下手をすると合格まで2～3年もかかってしまうという試験なのです。

王子：え～そんなに難しいんだ。でも日商簿記検定の3級から2級までのことがよく分かったよ。

数学が苦手でも大丈夫

たし算ひき算が中心で計算は全部電卓で行います

：うちあけちゃうけど、実は算数や数学が全然ダメなんだ。もう小学校のころからどれだけ算数に苦しめられたか……。
今さらまた計算っていわれても不安だよー。

：簿記はお金の計算をするので算数が苦手だから心配という人もけっこう多いのですが、試験会場にマイ電卓を持ち込むことができるし、計算の多くは　＋、－、×、÷（四則演算）しかしないので、算数や数学の苦手な人もまったく心配はいりません。

小学生算数レベル

＋　－　×　÷　のみ。計算は

で OK。

王子：よかったよー。
それさえ分かれば、がぜんやる気モードになるね。
よっしゃ、早速勉強するぞー。

セバ：それでは最後に受験勉強について少し説明しましょう。いくらやる気になっても正しい学習方法を知らなければ無駄な努力になりますからね。

簿記の基本をまず知ることが3級合格の条件

3級の本格的学習の前にやっておくべきこと

：検定試験は毎年、2月、6月、11月の年3回行っています。初級はテストセンターで受けるCBT形式※のみで、3級、2級は今まで通りのペーパー試験にプラスして、2021年からCBT形式でも受験することができます。短期集中型で学習期間を考えて、まず何月に受験するかを決めましょう。

：一気に集中して勉強したほうがやりがいもあるからね。

セバ：しかし受験計画を立てて、いざ勉強をはじめたものの簿記の導入部分が理解しづらく、早々に諦めてしまう方もすごく多いのです。

王子：じゃあ、どうすれば簿記の入門時の勉強がスムーズにできるの。

セバ：そんな簿記3級学習者のための入門書が本書なのです。この本では、学習前に知っておくべき簿記の常識や基礎知識がつめ込まれています。

王子：それはすごいね。よーし、日商簿記3級合格を目指してさっそくこの本で勉強するゾー。

※ CBT試験とは

全国の「テストセンター」で実施されるパソコンを使ったネットテスト方式。受験者個別の多肢選択制となっており、3級2級では選択の他に入力記述もある。電卓とエンピツの持ち込みは可能。合否は終了後すぐ判定されその場で分かる。詳しくは157ページを参照。

Contents もくじ

・日商簿記検定試験の実施要綱については157ページをご参照ください。
・本書の特典のご案内については191ページをご参照ください。

第2章 数字は簿記の命

Contents

第4章 簿記に必要な数学の基礎知識

Contents

第5章 これだけは知っておこう

第6章 簿記の基本のキ

Contents

会社財産の報告書

第8章 会社利益の報告書

Contents

ふろく

特別ふろく 電卓操作基本のキ

登場人物紹介

王子

数学が苦手な王子様
将来国の財政をになうために
セバスチャンに習って簿記を勉強する

セバスチャン

王子の家庭教師　数学が苦手な王子に
簿記の基本を優しく教えてくれる

王様

王子のお父さん
そろそろ引退して
王子に国を任せたい

彼女

王子の彼女
怒りっぽい

CHAPTER 1

簿記の勉強

簿記をはじめて勉強する。そんなことにあなたは少し不安を感じているかもしれません。
しかし、簿記はお金の収支記録の方法を勉強するだけで、誰でも簡単にその内容を理解することができます。
第１章では、簿記の勉強を始める前のあなたの不安をやわらげることが説明されています。
書かれている項目を１つひとつ読んで、簿記のことを知ってほしいと思います。

chapter1

1 簿記の勉強はとっても簡単!!

日商簿記３級に合格したい

誰でも新しいことを勉強しようというときは、不安があります。

まず簿記の勉強を続けられるか、さらに「検定試験の合格」というゴールまでたどりつけるかどうか心配なはずです。

皆さんが簿記の勉強を始める理由はいろいろあると思います。

学校での単位のため、就職の準備、社内での昇格、転職など、どうしても簿記の資格が必要だという方、また何となく簿記を勉強して簿記の資格でも取ってみようかという方までいろいろでしょう。

講師歴 40 年以上。

ちなみに私、著者の堀川は、大学生のときにもっと簿記を知りたいと思い専門スクールの門を叩(たた)き、そのまま専任の講師になり、寝(ね)ても覚(さ)めても簿記三昧(ざんまい)、早いものでもう 40 年以上になりました。

簿記ってなに…？

簿記は簡単にいえば、会社のお金の計算をすることです。

簿記はそれほど難(むずか)しいことを勉強するわけではありません。

数学が苦手(にがて)とか、あまり勉強をまじめにやったことがないという方も、簿記は簡単なお金の**収支**(しゅうし)のルールを勉強することですから安心してほしいと思います。

> 収支はお金の動きのこと。お金が入ってくれば「収入」お金が出て行ったら「支出」。のちほど詳しく勉強します。

はじめての簿記

まずは簿記の基本を学ぼう

簿記なんて難しそうだから無理なんだけど!

簿記は王子が思うほど難しいものではありませんよ。しっかり勉強を進めれば必ず試験にも合格できます。
まずは簿記で勉強する内容と、そのコツを少しずつ学んでいきましょう。

chapter1

2 あなたの簿記のセンスは？

勉強の前にチェックしよう

簿記の勉強を始める前に、皆さんにひとつ安心してほしいことがあります。

簿記の勉強は、非常に簡単なお金の収支（収入・支出）の記録方法を学ぶことだということです。

簿記は読み書き計算の簡単な知識さえあれば、年齢に関係なく誰でも勉強することができます。しかし皆さんは、簿記のことがきちんと理解できるか、さらに自分に簿記のセンスがあるかどうか気になりませんか。

数学的センスが必要…？

簿記には数学的センスのようなものはまったく不要です。

勉強する内容もそれほどレベルの高いものではありません。独学でもどんどん学習は進みます。

簿記のセンスがあるとかないという心配は無用。

ただ、やはり試験ですから、正しい勉強を続けなければ、完全な理解はできず、分からない個所(かしょ)がどんどん増えてしまいます。そして最悪の場合には簿記全体があやふやなまま受験をしなければならないことになってしまいます。

あなたの簿記センスを診断してみよう

No.	○	質　問　事　項
1		買い物などのときに、他店との値段の比較をする。
2		待ち合わせの時間などは守るほうだ。
3		自分のサイフに入っているお金はだいたい把握（はあく）している。
4		人におごられるより、おごるほうが多い。
5		計画を立てて、その通りに行動しないと気がすまない。
6		簡単な暗算が比較的得意だと思う。
7		ワリカンのときは1円単位まできちんと割らないと気がすまない。
8		買い物のときにはよくお札を出し、おつりで小銭ばかりになる。
9		他人からはケチだと思われている。
10		お金のことであまり苦労した経験はない。
11		将来のことより、いつも過去のことが気になる。
12		手帳などに予定がびっしりと書いてあると安心する。
13		映画館より美術館へ行くほうが好きだ。
14		料理や工作など手先が器用なほうだ。
15		物事をテキパキやるのではなく、落ちついてやることが多い。

○の数

10 個 以 上･･･ あなたは簿記の学習センスがあります。というよりかなり慎重派です。簿記の勉強も一歩一歩頑張りましょう

9 個～ 5 個･･･ あなたは簿記の勉強をするべきです。簿記の勉強をすることでもう少し落ちついた人生がおくれるはずです。

4 個～ 0 個･･･ けっして簿記に向いていないというわけではありませんから安心してください。いつもテキストを持参してこまめに勉強してください。

chapter1

3 理数系は有利で当然？

相棒は電卓！

簿記の勉強には、数学的センスはあまり必要ありません。それが何よりの証拠に計算はすべて電卓で行います。

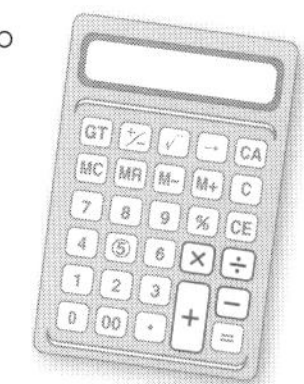

- **簿記の計算は、基本的に四則演算「＋、－、×、÷」しか行いません。**

方程式を使ったり、微分などの計算が出てくることはありません。

簡単な数学と漢字の読み書きができれば大丈夫！

理数系が有利で、文系さらに「計算苦手人間」が不利ということはまったくありません。

おそらく簿記の勉強をしている方の大半は、いわゆる文系で数学が苦手という方でしょう。簿記で必要なのは小学校で習った算数レベルですから、安心してください。

- **簿記ライセンスは進学、就職または転職などの際に学歴などよりも高く評価されています。**

これまで成績や学歴などでコンプレックスを持っているという方こそ簿記の勉強をゼロから始めて、そのライセンス（資格）を取得し、これを自信に変えてほしいと思います。

数字や計算がニガテでも？

※ 過去問とは以前に出題された実際の試験問題と解答・解説のこと。

数字恐怖性 !? でも大丈夫 !!

1. 簿記で使う計算は四則演算だけ
2. 数字や計算が苦手でも大丈夫！
3. 計算は電卓をつかえるから楽勝

試験には筆記用具と
電卓をお忘れなく！

chapter1

4 なぜ簿記を勉強するの？

目的を持って合格をめざそう

簿記の勉強を始めようという方には、ふたつのパターンがあります。

● より上の資格をめざす。

まず「資格ありき」で日商簿記検定の３級〜１級、さらにその先の税理士や公認会計士などのライセンス取得を目的にしている方。

● 会社で必要な方。

また一方で会社内などで経理、財務などの仕事のためにどうしても簿記の知識が必要な方。

ちなみにこのような知識優先の方はあまりライセンスにはこだわりません。

簿記の知識でレベルUP!

この本の読者の多くは、簿記のライセンスを目指している方が多いと思います。皆さんは検定試験の勉強をして受験をすれば、簡単に合格証書は手に入れることができます。さらに、簿記の知識はすぐに仕事に役立ちます。

簿記を勉強すれば、資格だけではなく
仕事に役立つ知識も身につけることができます。

資格を使いこなそう

こんな場面で役立つ簿記！

1. 就職活動で自己 PR ができる！
2. 転職活動で他の人が持っていない実力提示ができる！
3. 資格取得で自分の力に自信がつく！
4. 経理の実務知識として会社で役立つ！
5. 転職や社内のキャリアアップの材料になる！

chapter1

5 どんなことを勉強するの？

簿記は会社の「帳簿」をつけること

皆さんも、子供の頃に小遣帳をつけたり、簡単な家計簿などをつけたりしてお金の収支を記録した経験があるはずです。このお金の収支を個人ではなく**会社を主体として行う**というのが簿記の特徴です。

簿記の目的は？

税金：会社が儲けに対して納めるお金

会社で収支するお金の金額は大きいし、もし儲かっていれば税金もきちんと納めなければなりません。そこで、この**お金の収支をきちんと記録しておこうというのが簿記の最大の目的**なのです。

このお金の収支の記録方法にはルールがあります。

これはほぼ世界共通ルールです。これから皆さんは、この記録方法のルールを勉強します。

「会計期間」は１年間

このお金の収支記録は１年間を単位に行います。

私達はお小遣いや、給料日のことがあるので「１ヵ月単位」でお金の収支を考えます。しかし**会社はこれを「１年単位」で行います。**この１年間のまとまりを「**会計期間**」といいます。

この１年間の収支記録をまとめて「**決算書**」(これから勉強していきます)を作成し、これを会社関係者に報告します。

帳簿ってなに？

帳簿を使ってお金の流れを記録しよう

帳簿とはお金の流れを記録するノートのことですよ。王子。

お金の流れって、食事代とか洋服代とかのこと？

そのとおり！ もらったお金と使ったお金を帳簿に記録しておけば、今いくら残っているのか、すぐに分かりますよね。会社では1年間しっかり帳簿に記録をとって、年度末にはこの記録をもとに、「決算書」というものにまとめるんですよ。

chapter1

6 簿記の正しい勉強法

読んで書いての繰り返し

簿記というのはお金の収支の記録方法を勉強することです。

したがって、皆さんは簿記の勉強をするときには、つねに自分でペンと電卓を使って計算したり、メモなどをすることが重要です。

これまでの勉強のスタイルを考えれば、算数の計算問題は何度も計算を繰り返し、漢字の書き取り練習でも繰り返し漢字を書いたと思います。

問題を何度も解く

簿記の勉強そのものは非常に簡単です。おそらく参考書などを読むだけでほぼその内容を理解できます。しかし、これは簿記のことが分かっただけで、本当に簿記知識が身についたわけではありません。算数のテキストを読んだだけでは計算ができないでしょうし、漢字を見ただけで、実際に書けるようになるわけではないのと同じことです。

簿記の勉強の方法は、とにかくペンと電卓を使って何度も書いたり計算したりということを繰り返すことが重要です。これを繰り返せば簿記は自然に分かるようになります。

正しい勉強法を知っておくこと

項　目	× 間違った勉強方法 ×	○ 正しい勉強方法 ○
テキストの使い方	何となく読んでいるだけ	ゆっくり何度も読んで重要な個所にはマーカーをひく
ペース	理解した気分でどんどん先に進む	納得できるまで先に進まず落ちついて理解する
勉強スペース	電車の中だけで勉強	移動中はもちろん自宅でも勉強する
勉強方法	テキストを読むだけで計算はしない	いつもペンと電卓を使ってテキストの勉強をする
練習問題	分からない問題はそのままにしておく	すべての問題を納得できるまで２～５度解く
勉強グッズ	スマホやラインマーカー程度	ペンはもちろん常にマイ電卓を持ち歩く
学習後の感想	何となく分かったような分からないような感じ	もっとたくさん問題を解いてみたいと思う
受験準備	もう一度テキストを読み直さなければ不安	模擬試験の問題などがさくさく解ける

学習の流れ

START!

テキストを読み概要を理解する

ポイントにはマーカーを引く

練習問題にチャレンジ！

↓

間違った個所をテキストで復習

再び練習問題にチャレンジ‼

自信がついたら次の章に進む

7 簿記が分かると何かが変わる

簿記が分かれば社会が分かる

簿記の勉強を始める目的はそれぞれ異なります。簿記の資格を優先して考えている方、あるいは必要に迫られて簿記のことを勉強しなければならない方、それぞれいろいろな理由があるでしょう。

簿記ライセンスを取得したいという方。

簿記ライセンスはけっしてハードルの高い資格ではありません。知識として簿記が必要だという方も、簿記入門書から勉強をはじめて、さらに財務関係などその専門的な知識を深めることができます。

簿記が分かると。

目的はいろいろですが、簿記の勉強をした方はみんなある能力を身につけることができます。

それは「**簿記を通して社会を見る力**」です。

何が見えるか楽しみだな

経済分析力も身につけよう！

簿記は会社の収支記録の方法を勉強することですが、同時に、**勉強の過程で多くの経済的知識を学びます。**

つまり簿記の勉強をすれば、経済のこと、例えば、新聞の経済欄も理解できるようになります。したがって単にライセンスとか、スキルアップという理由だけではなく、**自分自身が成長できる知識と考えて簿記を勉強してください。**

簿記が分かると…

- ✓ お金の収支に敏感(びんかん)になり無駄遣(むだづか)いが減(へ)る
- ✓ 世の中の常識が少し分かるようになる
- ✓ 会社の仕組みや商売のことが分かる
- ✓ 数字の正しい書き方など一般常識が身につく
- ✓ 経済用語などが分かるようになる
- ✓ 表や図の正しい書き方が分かるようになる
- ✓ 経済ニュースが読めるようになる
- ✓ バイト先の先輩と世の中のことが話せるようになる
- ✓ 自分のやりたいことや将来進む道が明確になる
- ✓ 就職や転職が現実のものになる

簿記が分かると社会の仕組みや経済が分かるので、社会人にとっても欠かせない知識ですね!

1章まとめ

これから簿記の勉強を始めようと考えている方は、簿記にいろいろなイメージを持っていたはずです。

簿記そのものは、古くさいとか細かいというイメージが先行しています。したがって、これから簿記の勉強をはじめようと考えても、すんなりとその学習に入り込むことができないかもしれません。

ここでは、そんなことを考えている方に簿記というものは、そもそもどんなことを勉強するのか、また準備や基本的知識などはほとんど必要ないこと、さらに勉強した後で新たな知識、そしてご褒美(ほうび)として「ライセンス」が手にはいるということなどを大まかにお話しました。

この章を読んで何となく簿記の勉強の不安感などが和らげば幸いです。続いて次の章では、簿記の数字の基礎知識のお話をしますから参考にしてください。

CHAPTER 2

数字は簿記の命

簿記はお金の計算の勉強をするのですから、たくさんの数字を読んだり書いたりします。
このためにまず数字についての基礎知識を知っておかなければなりません。
数字の正しい書き順や数字を書くときの大きさ、また 3 桁ごとのコンマ、さらに数字の読み取り方など、簿記学習前に知っていなければならない数字の基本をここで説明します。

chapter2

1 数字の書き順を復習しましょう

正しく美しく！　が基本

漢字などの文字には書き順というものがあります。

教養として文字がキレイなことはもちろん、文字の書き順が正しいことも非常に重視されます。

しかし残念なことに算用数字である1から10（0）まではあまり書き順について細かいことを教えてもらった記憶はありません。これは学校教育が、数字の書き順より数字で示す計算結果の方に重点が置かれているからです。

試験では読みづらい数字はすべて×（バツ）

当然のことですが汚い文字で書かれた数字では正しい情報は伝わりません。さらに**汚い数字は試験では正解にはなりません。**

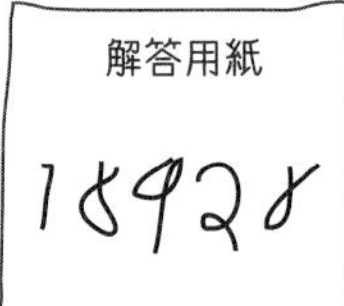

また皆さんは、実社会の中で多くの数字を書かなければなりません。単に体裁（ていさい）が良い数字を書くのではなく、自分はもちろん**周（まわ）りの人にもあなたの書く数字を間違いなく読み取ってもらわなければなりません。**

そのためには数字の正しい書き順を知り、いつもこの書き順に従ってきれいな数字を書くことを心がけてください。

数字にも書き順がある

数字		書き順	ポイント
1	➡	1	
2	➡	2	途中で止めない
3	➡	3	はじめと終わりをきちんと止める
4	➡	4	上部をくっつける
5	➡	5	書き順に注意
6	➡	6	口を閉じる
7	➡	7	左上は離さない
8	➡	8	右上をくっつける
9	➡	9	右上をくっつける
0	➡	0	上部きちんと閉じる

3では×！

4では×！

9では×！
書き順が
違うのも×

きれいな字と正確な書き順って大事かも。

chapter2

2 数字の大きさに注意！

はっきりいって簿記は数字ばかり

簿記の勉強はすべてが数字です。つまり簿記は数字に始まって数字に終わるといっても過言(かごん)ではありません。

帳簿(ちょうぼ)は数字の大行列(だいぎょうれつ)

さてこの数字の書き方については、その書き順以外にも簿記では少々気をつけなければならないことがあります。そもそも簿記の数字は**帳簿(ちょうぼ)**と呼ばれるノートに記入することが前提です。またこのノートには数字を書く罫線(けいせん)が引いてあり、ここに数字を書きます。このとき**数字の大きさにも注意しなければなりません。**

訂正できるように数字は小さく書く

数字は罫線の行間いっぱいの大きさで書くのではなく、だいたい罫線の間隔(かんかく)の 1/3 〜 1/2 ぐらいの大きさで書きます。これは数字を間違(まちが)えたときに、残りの 1/2 〜 2/3 のスペースに訂正した数字を書くためです。帳簿は**ボールペンなど消えないペンで書く**ので、あらかじめ間違えたときの準備をしておこうというのが、文字を小さめに書く理由です。

ちなみに日商簿記検定試験では、解答はえんぴつでも書けますが、税理士・公認会計士試験では万年筆かボールペンしか使用できません。

数字の大きさに注意

簿記では数字が大きく書いてあればよいというわけではありません。ノートや解答欄などに数字を書くときは、罫線(けいせん)の間にだいたい **1/3 ～ 1/2 程度の大きさ**で書きましょう。

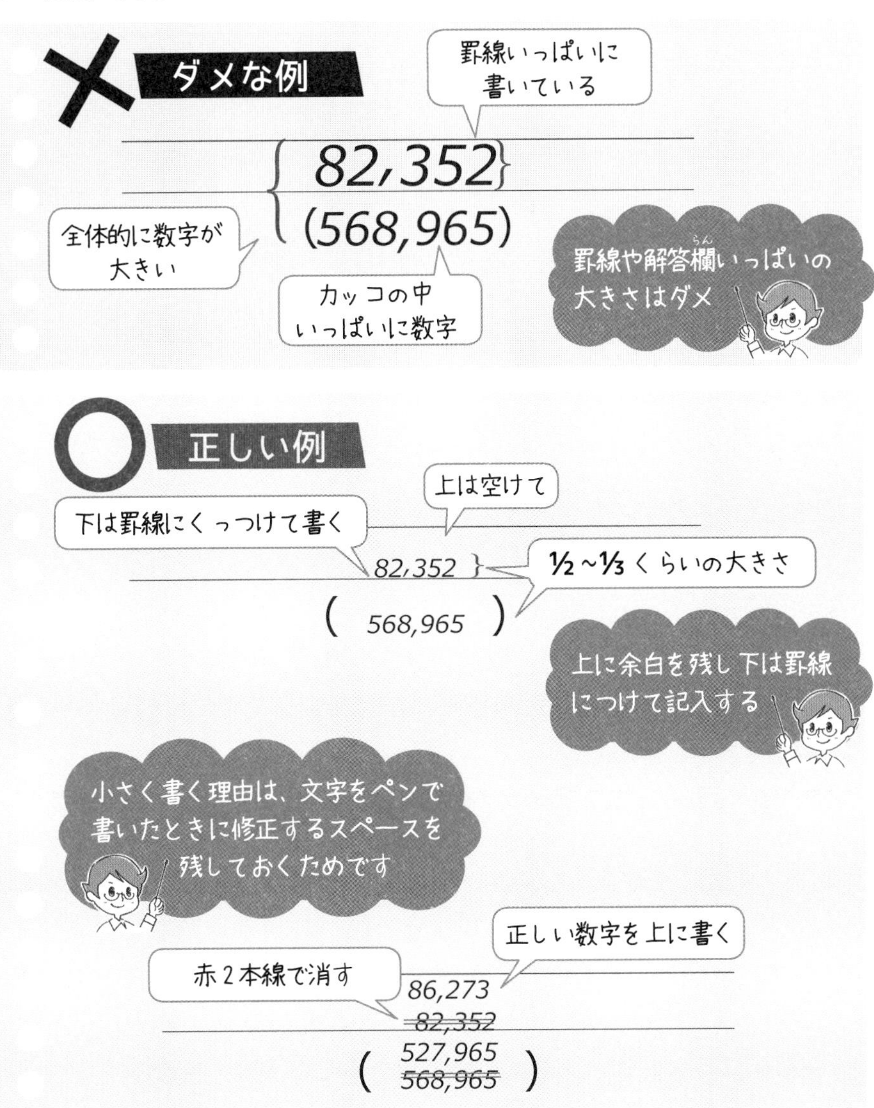

chapter2

3 数字は下線にくっつけて書く

数字を書く位置に注意

　これから皆さんが書く数字は、**帳簿というノート**に書くことはすでにお話ししました。また試験などでは、解答欄など指定された場所に数字を書くことになります。

改ざんや不正を防ぐために

改ざんとはデータを不正に書き換える行為。

　さてこの数字ですが、細かいようですが、**罫線の上に数字の下部が少し触れる程度の場所に書いてください。**これは手書きの帳簿や領収書等に**後から数字の改ざんをする不正を防止するため**です。

89,352

(28,965)

　つまり罫線の上にきちんと数字を書くことにより、帳簿上の不正を防止し帳簿の信憑性を保とうとする意味があるからです。

コンピュータでは手書きは必要なし!?

　ただし現在は簿記の帳簿類はすべてコンピュータで管理し、実際の帳簿もプリンターから出力されますから、数字の大きさや書く位置なども問われることはありません。このため、数字の書き順や大きさのことが簿記学習ではないがしろにされています。しかし**数字を書く上で、また受験上の常識**として心得ていてほしいものです。

正しい場所に数字を書こう

数字の大きさと位置には要注意

たとえが最悪なんだけど!! 僕はこんな不正しません！

たとえばの話ですよ。
でも数字の書く位置や大きさって、意外と見落としがちですから気をつけてくださいね。

chapter2

4 数字には必ずコンマ「,」を入れる

信憑性のある数字の書き方

信憑性とは情報や証言などの、信用してよい度合いのこと。

簿記の勉強は、すべてがお金の計算です。実際に簿記のテキストを見ると各ページに6～10桁ぐらいの数字が並んでいます。さらによく見ると**数字の3桁ごとに「,」（コンマ）が入っています。**

コンマ「,」はとっても大切

簿記の勉強を始める前に、この「,」（コンマ）の意味やどこに「,」（コンマ）を入れるのかを理解しておかなければなりません。ちなみにこれは「,」（コンマ）で「、」（句読点）ではありません。

さてこのコンマですが、よく見ると数字の3桁ごとに入っています。

百万円＝1,000,000円

西洋では昔から千＝1,000という単位を一区切りにして、さらに二乗、三乗して大きい数字を表していました。

	1,000	＝ 1,000（千）	………… thousand（サウザンド）
（二乗の場合）	1,000 × 1,000	＝ 1,000,000（百万）	……… million（ミリオン）
（三乗の場合）	1,000 × 1,000 × 1,000	＝1,000,000,000（十億）	…… billion（ビリオン）

3桁ごとに「,」コンマを入れるのが世界基準。

コンマを書くのが最重要

今後、簿記では3桁ごとに「,」(コンマ)を必ず入れてください。コンマの入っていない数字や金額は、その意味を正しく示していないとされ、不正解になることもあります。

数字を読むために

¥100000000 これっていくら?

ちょっと待って。
いち、じゅう、ひゃく……
桁が多くていくらか分からないよ～。

そうですよね。
だから数字には必ず3桁ごとにコンマを入れるんです。

コンマを書く習慣を身に付けよう

¥100,000,000 右から数えて3桁ごと

コンマを入れると読みやすくなるね!

コンマの位置で桁を読み取れるように練習すれば、どんどん数字が読めるようになりますよ。

ゼロ3桁で「千」、6桁で「百万」だな!
よ～し頑張って覚えよう!

1.10.100.1000…て、
右からかぞえてたっけ。

chapter2

5 数字の読み取り方

桁をすぐに判断できるようになろう

簿記では、問題文などから4～9桁ぐらいの数字を一瞬で読み取ることが普通です。

- 日本商工会議所の簿記検定 ……多くても6桁程度
- 税理士・公認会計士試験 ………多くても9桁程度

国家試験だからどんどん桁数が多くなるということはありません。難しい試験は問題そのものが難しいのであり、そろばんや電卓の検定試験のように上位級の試験ほど数字の桁数を多くして難易度を上げるということはありません。

ベストは一目で桁が分かること

さてこの6～9桁の数字の読み方ですが、皆さんはこれまで一の位から順番に「一、十、百、千、万、十万、百万」と数えていると思います。簿記に限りませんが、**ビジネスの世界では数字の10桁くらいは見ただけで「何十億……」とすぐに判断できなければなりません。**

もうひとつ重要な課題は電卓への入力です

電卓の入力はかならず左側の一番大きな数字から入力します。つまり数字を一度見ただけで**「何千万、何百万、何十万、何万、何千、何百、何十、何円」**ということが判断できなければならないのです。

数字左読みのテクニック公開

桁数の多い数字は、まず**コンマの数**を見ていくらなのかを頭の中でイメージしよう。

ステップ①

コンマ2つで百万の位

7,852,635

そこでまず7百万円と考える

ステップ②

八十五万…

7,852,635

あとは桁数を下げる右へ読み進める

ステップ③

二千…

7,852,635

右のコンマは千の位を示す一番よく使うコンマです

ステップ④

六百三十五

7,852,635

最後の3位は百・十・一の位ということになります

1,000 (千)
1,000,000 (百万)
1,000,000,000 (十億)
1,000,000,000,000 (壱兆)

chapter2

6 数字はキレイに並べて書こう

簿記は数字が命！

これから簿記学習では、数字を解答用紙にたくさん書くことになります。そこで、ひとつ注意してほしいことがあります。

簿記では縦並(たてなら)びで数字を書くことがたくさんあります。このとき、**数字はコンマの位置を基本にして右端を揃(そろ)えてきちんと並べてください。**

採点者にも読みやすい数字を書く

これから皆さんが書く数字は、基本的には問題の解答です。採点されるときに、この数字の判読(はんどく)が原因で、せっかくの正解が×（バツ）になってしまうのはもったいないことです。

漢字もできるだけキレイに

簿記学習では、実際に漢字と数字を書く割合は２対８程度でしょう。あとで学習しますが勘定科目(かんじょうかもく)などの漢字もできるだけきれいに書くことを心がけましょう。

数字は並べてキレイに書く

簿記では数字を縦並びに書くのが普通です。桁の右端をそろえ、また「,」（コンマ）の位置もそろえてキレイに書いてください。

文字の大きさ、コンマづけなどに注意して書きましょう。

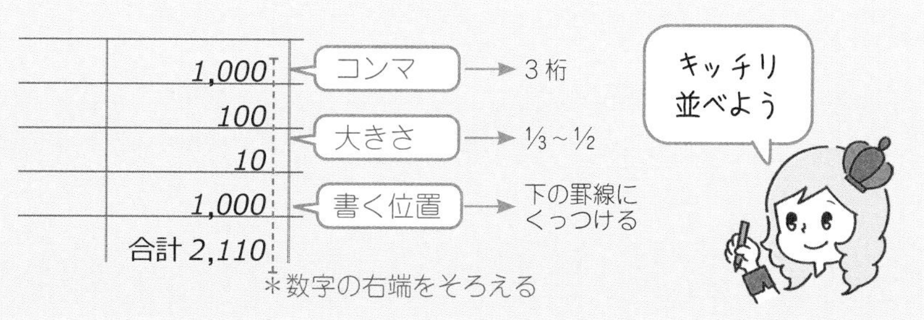

数字はコンマの位置と右端を揃える

さてここまで数字にまつわるお話をしてきましたが、いかがでしたか？

今まで数字の書き順や位置など気にしてなかったけど、これからは気をつけて正しくキレイに書くことにするよ。

キレイに書くことが試験に合格する第一歩ですからね。

chapter2

7 電卓の準備は大丈夫？

暗算はせずに電卓で計算

簿記の計算は、すべて電卓で行いますが、電卓は持っていますか？

簿記の計算に際しての注意事項

簿記学習では簡単な計算を暗算でやってしまう習慣のある方は、大変に危険です。**簡単な計算でも必ず電卓で計算する習慣を身につけた方が、将来試験でケアレス・ミスの発生を防止できます。**

M+、M −、RM（メモリー・キー関係）も使いこなそう

電卓には「+、−、×、÷」の四則演算キー以外にも「M+」などのキーが付いていますから、これらのキー操作を覚えましょう。

電卓は生涯の友

特に**公認会計士や税理士試験を目指す方は、電卓とは長い付き合いになるので慎重に機種等を選択してください。**

また、電卓によっては試験会場に持ち込めない機種もあります。事前に各試験団体のホームページなどを確認し電卓購入時には注意してください。

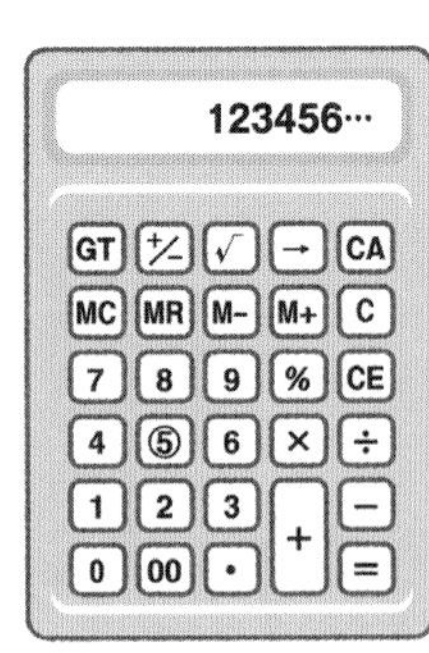

電卓操作 10 個の鉄板（てっぱん）ルール

簿記の計算はすべて電卓で行います。そのため電卓に必要な下記のルールに注意しましょう。

NO	鉄 板 ル ー ル 10
1	必ず受験専用の**マイ電卓**を用意する
2	**スマートフォンなどでは計算しない**（会場では使用禁止）
3	各**キーの位置**をマスターする
4	**＋、−、×、÷や ＝ 以外のキー操作**もマスターする
5	**M＋などメモリー・キーを完全に使いこなせる**ようにする
6	操作する指は３〜５本で、**人差し指１本操作ではダメ**
7	**簿記では左打ちが一般的**なので練習してみる
8	**右手のペンの持ち方**や**人指し指での数字のおさえ方**にも要注意
9	**ブラインドタッチ法**といって**キーを見ないで操作**できるようにする
10	しばらくは上記を考慮して電卓での**操作練習**をする

本書巻末に電卓の基本操作の解説がついているので必ず読んでください。

日商簿記試験では、電卓かソロバンの持ち込みしかできません。故障したりする場合があるので、できれば同じ機種を２台買って、持って行くと安心です。

2章 まとめ

やはり簿記学習では、キレイな数字を書くことが基本です。これは各数字が会社の経営情報を伝達するためには必要不可欠だからです。

これまであまり熱心に数字を書いていないという方も、簿記の勉強を始めたのをよいきっかけにして、これからはできるだけキレイな数字を正しく書くことを心がけてください。

簿記試験の答案を採点していると、数字が判読不能のために不正解にしなければならないことがよくおこります。CBT形式の受験では問題ありませんが、ペーパー形式の試験では誰が読んでも分かるキレイな数字を書かなければならないので注意しましょう。

CHAPTER 3

分類項目の注意事項

皆さんも耳にしたことがあるかもしれませんが、「水道光熱費」や「交通費」というのがこの章で学習する簿記上の分類項目です。
第 3 章では、この分類項目のタイトルに関する説明をします。
簿記ではその学習の多くがこの分類項目の理解と使い方を学ぶことになります。
送り仮名や読み方、また類似する名称などについてそれぞれ理解してください。

1 分類項目のタイトル

勘定科目って何？

簿記では多くの学習時間を「**勘定科目**」の理解のために費やします。したがって、この「勘定科目」をマスターすることが大変重要です。さて、「勘定科目」とはいったい何でしょう。

皆さんは使ったお金を集計するときなどに、その分類する項目を考えませんか？

分類項目＝勘定科目

たとえば、今月のお小遣いのうち8,000円はスマホやネット代、7,000円は洋服代、4,000円は食事代というように分類しますよね。このスマホ代、洋服代、食事代というのはそれぞれの使ったお金の分類です。

簿記ではこれらの**分類項目を「勘定科目」と呼びます**。ちなみにスマホ代であれば**通信費**、洋服代であれば**福利厚生費**、食事代なら**接待交際費**という「勘定科目」に分類されることになります。

日商簿記3級の勘定科目（分類項目）は100くらい

日商簿記3級でだいたい**100個程度**、2級、1級や公認会計士、税理士試験まで受験すれば300個程度の「勘定科目」があります。

勘定科目は分類項目のタイトル

今月の出費

3,000円　5,000円　2,000円　5,000円　3,500円　500円

分類

スマホ・ネット代（8,000円） ＝ 通信費

洋服代（7,000円） ＝ 福利厚生費

食事代（4,000円） ＝ 接待交際費

勘定科目

日頃から勘定科目を意識しよう

今月使ったお金を書き出してみたよ！　スマホやパソコンのネット代は通信費で、洋服代は福利厚生費に分類されるのか〜。

通信費や交際費など身近なものから覚えていくと良いですね。つねにお金の動きをチェックしてそれが勘定科目で何に分類されるのか考えてみましょう。

2 勘定科目の送り仮名にも注意

簿記での送り仮名に慣れよう

簿記では送り仮名が常用漢字の使い方と違うものがいくつかあります。

すべて常用漢字の読み書きに統一するのではなく、昔から簿記独特の読み方や使い方をするものもあります。それぞれの勘定科目の読み方や書き方にも慣れてください。

「売り上げ」、「売上げ」、「売上」？

例えば、簿記学習の最初に出てくる用語、勘定科目である「売上」は、パソコンやスマホで変換しようとすると「売り上げ」「売上げ」「売上」の3つの変換例が出てきます。

常用漢字の送り仮名を考慮すると「売り上げ」が正解でしょう。しかし簿記では「売り上げ」とすると間違いになります。試験であれば不正解で「×」バツになります。

簿記の学習を始めてしばらくの間は、この漢字の使い方がこれまでの常用漢字と異なるために戸惑うことがあるかもしれません。

テキストなどで出てきた簿記独特の専門用語や勘定科目の正しい読み方をできるだけ早く覚えて文章の意味を理解し、解答できるようにしましょう。

常用漢字と簿記用語の違い

漢字の送り仮名にも注意

簿記の古くからの伝統で、今と違う漢字の使い方をするんです。

ちょっと変な感じがするけど、そのまま覚えるようにすればいいんだね。

あまり考えないで慣れてしまうのが一番ですね。

chapter3

3 勘定科目などの漢字の大きさ

もう一度、勘定科目って何？

簿記では数字以外にも、あまり多くありませんが漢字の文字も書かなければなりません。

この漢字は、「勘定科目」という取引を整理する項目のタイトルです。これはすでにお話しした「水道光熱費」や「消耗品」などです。

- 日商簿記３級でだいたい 100 個程度
- **公認会計士や税理士試験まで受験して300個程度。まずは100 個の勘定科目を学習します。**

漢字の大きさにも注意！

さてこの勘定科目を帳簿や解答欄に書くときの文字の大きさについてお話しましょう。数字の大きさはだいたい解答欄（らん）や行間の 1/3 ～ 1/2 程度の比較的小さめの文字で書きました。

さて、勘定科目の文字の大きさは、数字より少し大きめ、**行間 1/2 ～ 2/3 程度の大きさで書いてください。**勘定科目も数字と同様に後から文字を修正することを考慮して、あらかじめ少し小さい文字で書いておこうというのがその大きさの理由です。

漢字は中位の大きさで、数字はそれより小さめにということです。

文字の大きさに注意！

▶数字の大きさ

数字の大きさは行間、解答欄のだいたい 1/3 ～ 1/2 程度の大きさで書きます。

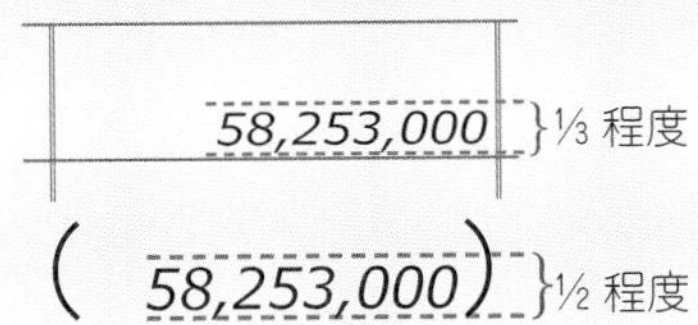

▶漢字の大きさ

勘定科目を書くときには、行間の 1/2 ～ 2/3 程度の大きさで書きましょう。

これは間違えたときに訂正するための対策です。

交 際 費 ~~通 信 費~~	34,700 ~~58,600~~

chapter3

4 類似用語は明確に区別する

漢字の意味をしっかり理解して使い分けよう

日本語は、同音異義語（同じ読み方で意味が違うもの）がたくさんあります。例えば次の文章を常用漢字を使って比べてみましょう。

数学のコウギで先生にシメイされ、正しいカイトウができた

⇩

正 **数学の講義で先生に指名され、正しい回答ができた**

⇨ 意図したとおり正しく伝わる

誤 **数学の抗議で先生に使命され、正しい解凍ができた**

⇨ 誤った意味で伝わってしまう

簿記にもいくつかの同音異義語があります。一般的には同じような意味ですが、簿記では大きな違いがあるものもあります。

たとえば「**セイサン**」という単語があります。簿記ではこれを「**清算**」あるいは「**精算**」として使い分けます。

清算 …… **会社等の事業を廃業するときに使います。**

精算 …… **出張など、自分のお金で立替えていた交通費などを会社に支払ってもらうときに使います。**

似ている簿記用語にも要注意

これまであまり意識しないで使ってきた言葉でも、簿記ではきちんと理解して、区別しよう。

- **賃貸**（ちんたい） ➡ 土地やアパートを貸すこと。
- **賃借**（ちんしゃく） ➡ 土地やアパートを借りること。
- **貸借**（たいしゃく） ➡ 土地等やお金を貸したり借りたりすること。
- **収支**（しゅうし） ➡ お金が入ってきたり、出て行ったりすること。下記の収入と支出がいっしょになった言葉。
- **収入**（しゅうにゅう） ➡ お金が会社などに入ってくること。
- **支出**（ししゅつ） ➡ お金の支払いをして、会社からお金が出ていくこと。

似ているけれど少し意味の違う用語も、しっかり理解しよう。

- **価格**（かかく） ➡ 売買金額など物の値段を示す。
- **価額**（かかく） ➡ 物の値打ちそのものを示す簿記の一般的用語。簿記では濁らず「かかく」と読む。
- **仕分**（しわけ） ➡ 物を区分、分類すること。
- **仕訳**（しわけ） ➡ 簿記におけるお金の収支を記帳する独特の方法。

3章 まとめ

簿記とは、お金の収支記録のことです。この記録や整理のために使用するのが勘定科目です。

これから簿記で勉強する勘定科目は、英単語と同じかもしれません。英単語はできるだけ多く、その属性（動詞や名詞など）や意味を覚えなくてはなりませんでしたから、同様の学習をすると考えてください。

簿記もできるだけ多くの勘定科目を勉強して、会社に発生したどんな金銭収支も記録できるようにすることが大事です。

CHAPTER 4

簿記に必要な数学の基礎知識

簿記の計算の中には、数学的な要素を含んだものもあります。しかしこれも心配はいりません。簡単な知識さえあれば十分です。念のため、簿記の勉強に必要な基本的な数学の事項をいくつか点検しておきましょう。
この章で説明されている内容が簿記学習に必要なかなりの範囲を占めており、これ以上の数学的な知識は不要だと考えてください。

chapter4

1 どのくらいの数学知識が必要か

分数・小数点・百分率・総額の計算

簿記学習は、そのほとんどが金額計算を中心に行われます。ただし、それ以外にもわずかですが**分数計算**や**小数点**、**百分率**（％）、また**総額の計算**なども出てきます。

いずれも**小学生あるいは中学生レベル**のものであり「私は算数が苦手なの～」という方も心配はありません。

また出てくる計算は、**いつも同じ計算です**。一定の方法により電卓で計算するので**慣れてしまえば簡単に正解を出すことができます**。

ただし日商簿記１級や公認会計士試験では、一部で二次方程式などやや高度な計算も出てきます。

ちなみに日商簿記２～３級では次のような計算が出てきます。

1．分数計算 ……… $\frac{8}{12}$（＝8÷12）、$\frac{0.8}{1.2}$
2．小数点計算 …… 20÷100＝0.20
3．％計算 ………… 45÷125＝0.36（＝36％）
4．総額の計算 …… 個数×単価＝総額
5．10％増し計算 … 100円の10％増し⇒110円

（100×0.1＝10円）

これからすこしずつ
説明していきます。

簡単な計算だけでOK

Q1 1個**80円**で仕入れた商品を**100円**で販売すれば、その儲(もう)けは**何%**になるでしょう？

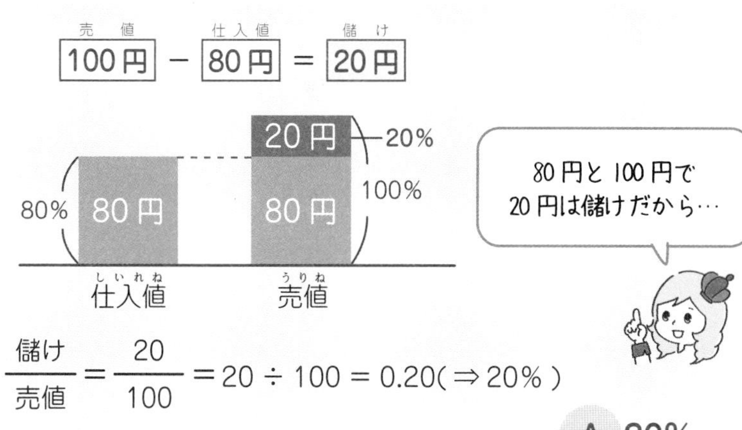

$$\frac{\text{儲け}}{\text{売値}} = \frac{20}{100} = 20 \div 100 = 0.20(\Rightarrow 20\%)$$

A. 20%

Q2 上記**80円**で仕入れた商品の売値**100円**を**25%値上げ**して販売したらその**儲けは何%**になるでしょう。

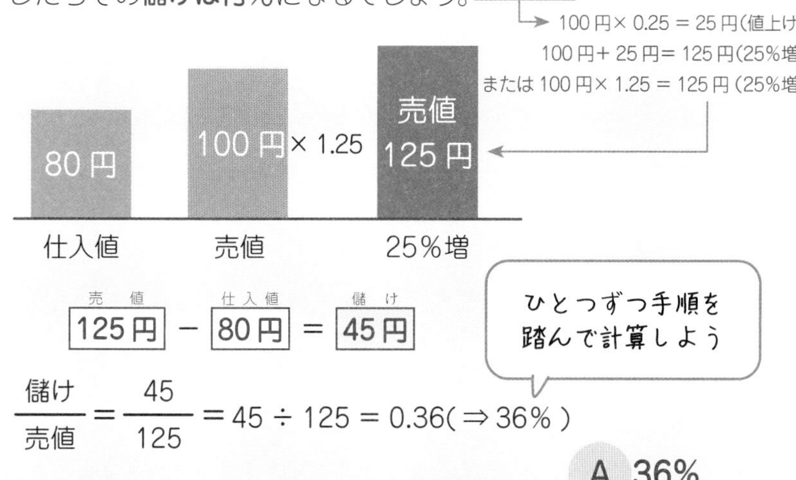

$$\frac{\text{儲け}}{\text{売値}} = \frac{45}{125} = 45 \div 125 = 0.36(\Rightarrow 36\%)$$

A. 36%

chapter4

2「以下」と「未満」の違い

含まないのが「未満」、含むのが「以下」

よく目にしますが「18 歳未満お断り！」という表示があります。

さて、あなたがちょうど 18 歳だとすれば、この「18 歳未満禁止」という商品を買うことができるでしょうか？

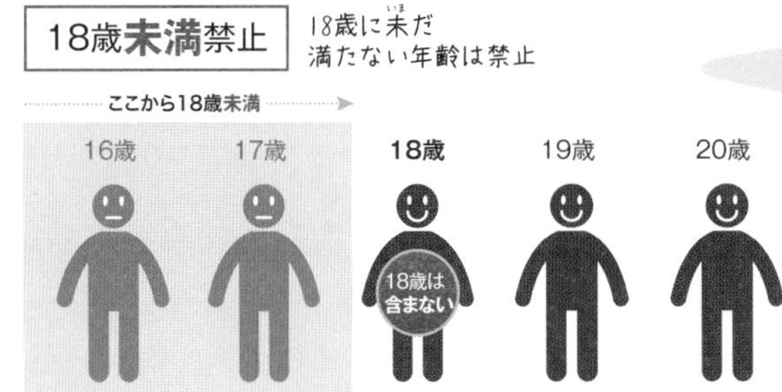

18 歳に達していない、つまり 17 歳であれば購入できず、18 歳であれば購入できるという意味で使われます。

また、類似していますが、「以下」という表現はどうでしょうか。もし「18 歳以下禁止」であれば、今度は 18 歳も含まれます。したがって 18 歳の人もこの商品を手に入れることはできません。

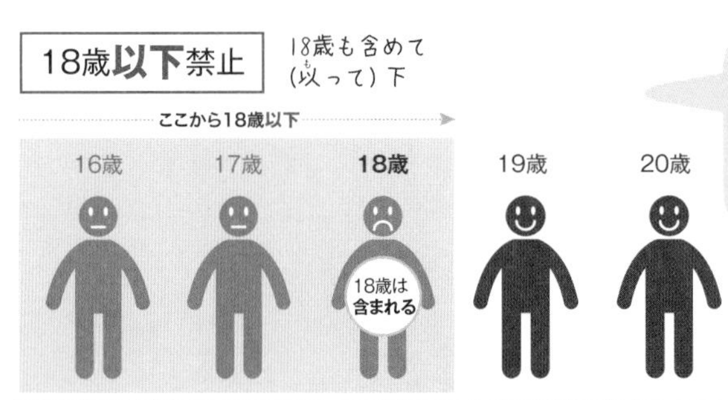

つまり「未満」はその数を含まず、「以下」は、その数を含むということです。

王子、追試の危機！？

答え：追試じゃありません

以下と未満の違いに注意

セバスチャン！　60点未満は追試なんだけど、60点ジャストの僕はどうなるの？？

60点未満は追試とは、つまり0～59点を指します。王子は60点なので試験を受ける必要はありませんよ。ちなみに日本商工会議所簿記検定（1～初級）は70点以上が合格ですから70点ぴったりの人は合格ということです。

chapter4

3 「以上」と「超」はどう違う？

超は未満の対義語？

以下と未満に対比する用語に「**以上**」「**超**」があります。

「**以上**」**はその数を含んで上回る数**を示します。これに対して「**超**」**はその数を含まずその上の数**を示します。

したがって「10人以上」は10人を含んで11人、12人、13人〜ということになります。

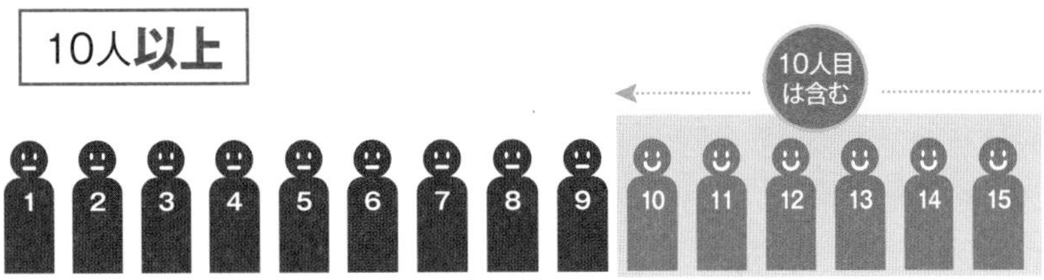

また「10人超」は10人は含まれず11人、12人、13人〜ということになります。

実際に、これから始める**簿記の勉強でも、そのほとんどは**「**以上**」**が中心**です。

「以上」と「超」の違い

「以下」と「未満」という表現と同じように「以上」と「超」という表現があります。

まず「未満」と「以下」を整理してみよう

10 未満と 10 以下

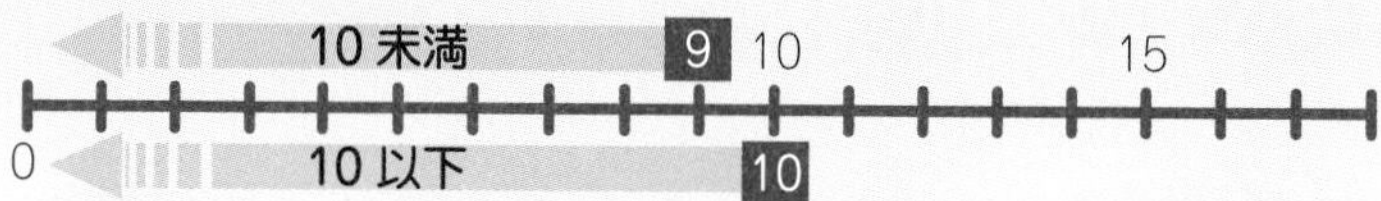

次に「以上」と「超」を考えてみよう

10 以上と 10 超

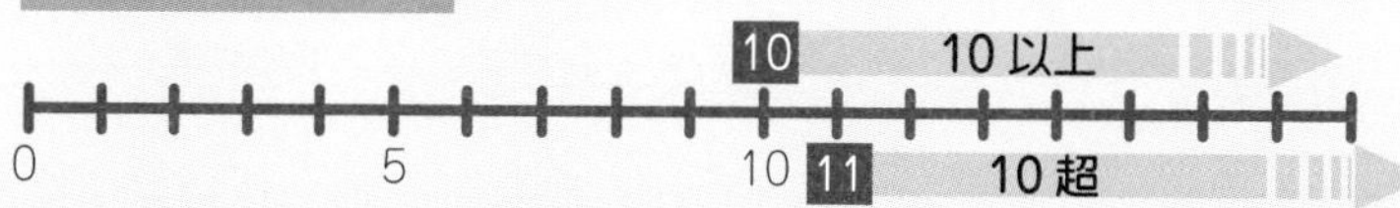

まとめ

10 人未満 ➡ 0 人～ 9 人まで

10 人以下 ➡ 0 人～ 10 人まで

10 人以上 ➡ 10 人・11 人・12 人…

10 人超 ➡ 11 人・12 人・13 人…

簿記では「以下」と「以上」がよく使われます。

chapter4

4 四捨五入の意味

割り切れないって？

割り算の計算で割り切れないときには、数字が限りなく続きます。こんなときには、**四捨五入**という方法で端数調整をします。

四捨五入とは、まず、4を含み3、2、1のときはその数字全体を切り捨ててしまいます。この4以下を切り捨てることから『**四捨**』といいます。

つぎに、**5を含み6、7、8、9のときはその数字全体を繰り上げて、上の桁に1をプラスします。**このことから5以上を繰り上げるので『**五入**』と呼ばれています。

簿記では円に満たない金額、つまり「銭」の単位を四捨五入することがよくあります。たとえば100円で商品を3個購入した場合の1個当たりの単価を円未満四捨五入すればいくらかというと

100円÷3個＝33.333……

この場合、円に満たない「.333……」を0.4以下として切り捨てますから**1個33円**になります。

同じように1,000円の商品を7個販売したときの1個当たりの販売単価を円未満四捨五入して計算すると

1,000円÷7個＝142.85714……

になりますから、円に満たない「.85714……」は0.5以上なので切り上げてしまい**1個143円**ということになります。

よく使う四捨五入とは

四捨五入とは、数字が「4」以下なら切り捨て、「5」以上なら繰り上げてしまうことです。

つまり4と5という数字を基準に数字を調整することだね。

円未満(円に満たない「銭」の単位のこと)の端数を四捨五入してみよう。

例 100円÷3個＝33.333…

→ 0.4以下なので切り捨て

33.333円から0.333円をマイナス

A. 33円

例 1,000円÷7個＝142.85714…

→ 0.5以上なので繰り上げ

142円に1円をたす

A. 143円

chapter4

5 小数計算にも慣れよう

小数点はあまり気にしない

簿記では、非常に簡単な小数計算しかでてきません。

たとえば商品を仕入たときの原価（仕入れ値）とその販売益（売れたときの儲け）の関係や、商品を値上げする（例えば10%増し）ときなどの割増計算に用いられます。

たとえば、**原価80円で仕入れた商品を100円で販売すれば20円（＝100円－80円）の儲け**が出ます。

この関係を小数点の算式で示せば

販売価格の割合：0.8（原価）+ 0.2（利益）＝ 1.0

また値上げをして100円の販売価格を10円高くして110円にしたとします。このときの儲けは10円増えて30円（＝20円＋10円）になるはずです。

この関係を小数点の算式にするとどうでしょうか。

販売価格の割合：0.8 + 0.3（＝ 0.2+0.1）＝ 1.1

少々難しく感じるかもしれませんが
簿記での小数計算はこの程度です。

小数点のある足し算・引き算

簿記では、商品の仕入原価と商品販売による儲けなどを小数点で示したり、計算したりすることがよくあります。

▶例えば…

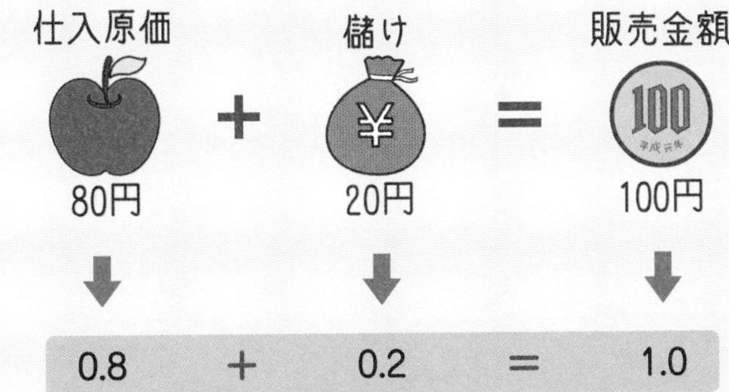

▶売値を 10%増しの 110 円で販売したら

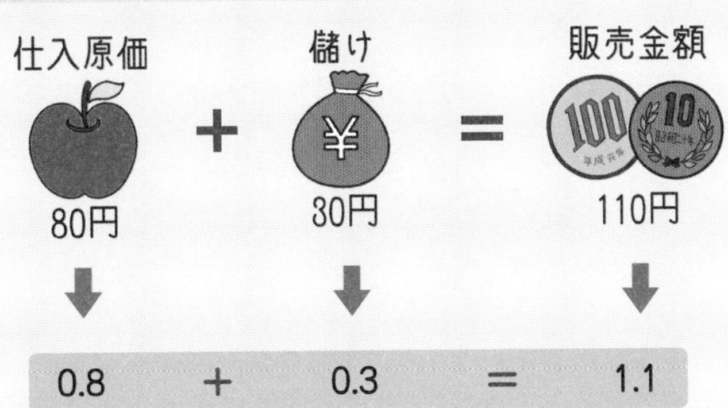

chapter4

6 パーセントが示すもの

%＝100を基準にした割合

今度は、％（パーセント）の示す意味を考えてみましょう。

基本的には％は割合を表わします。この表わし方は**100という数を基礎にしてどれだけの数かを何％として示します。**

つまり100個の中の1個という割合は1％ということになります。同じように100人中に男子が60人いれば60%になり、水槽にいる10匹の魚のうち6匹が鯉なら60%になるということです。

$$\frac{60}{100}=\frac{6}{10}=60\%$$

60 ÷ 100 = 0.6 (60%)

この％（パーセント）は**「百分率」**という日本語で表現されることもあります。また％が分数式になったり、小数点の数字で示されることもあります。

$$\frac{6}{10}=60\%=0.6$$

6 ÷ 10 = 0.6 (60%)

％（パーセント）で示すものが分数式ではどのように表わされるのか、また小数点になった場合はどうであるかなども理解しておきましょう。

%は割合を示す記号

%（パーセント）は100という数を基本にして、その割合を示すものです。下の例を見てみましょう。

例えば100人のうちの10人というのは…

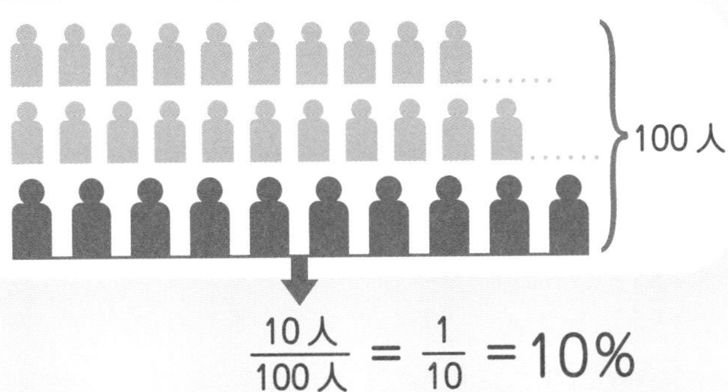

$$\frac{10人}{100人} = \frac{1}{10} = 10\%$$

100人のうちの1人 → 1%
100人のうちの10人 → 10%
100人のうちの100人 → 100%
と、いうことだね！！

%を小数点と分数に変換すると

分数や小数点での表わし方も大事なんだな

$$1\% = \frac{1}{100} = 0.01$$

$$10\% = \frac{10}{100} = 0.1$$

$$100\% = \frac{100}{100} = 1$$

chapter4

7 簡単な分数計算

分数計算はあまり使いません

簿記を勉強するときに必要な数学的な知識はあまり多くありません。しかし基本的な知識は必要です。

この分数計算も帯分数や通分計算、約分計算をしたりするわけではありませんので安心してください。簿記での分数計算は、簡単な分数の足し算や引き算を必要とするだけです。

簿記では商品を仕入れ、これを販売するという関係から、常に原価（仕入の値段）と売価（売るときの値段）の関係を考慮しなければなりません。このことから％（パーセント）や小数点、また分数計算などが必要なのです。

簿記での分数計算は、たとえば仕入原価 80 円の商品を 100 円で販売すれば 20 円（＝ 100 円－ 80 円）が儲けです。

これを分数式の足し算で表わせば、次のようになります。

$$\frac{\text{原価}}{\text{売価}}+\frac{\text{儲け}}{\text{売価}}=\frac{80}{100}+\frac{20}{100}=\frac{100}{100}=1$$

販売金額と仕入原価、さらに商品販売による儲けの割合計算の際にこのような分数計算をすることがしばしばあります。

原価と儲けの関係を示す方法

販売価格と仕入原価や儲けの関係は、小数、%（パーセント）、そして分数などを用いて表わされ、また計算にもよく利用されます。

100 円で販売した商品の原価は 80 円であり、儲けは 20 円だった。

金額で	➡	100 円（販売価格）－ 80 円（仕入原価）＝ 20 円（儲け）
小数で	➡	1.0 － 0.8 ＝ 0.2
パーセントで	➡	100％ － 80％ ＝ 20％
分数で	➡	$\frac{100}{100} - \frac{80}{100} = \frac{20}{100}$

金額の割合を小数等で示す意味

全部同じことを示しているんだね。

そのとおり。販売価格は、仕入原価＋儲けで決められますが、これらの数字を小数やパーセント、また分数などに変換できるよう数字に慣れてください。

4 章では数の話で鍛えられたから、だいぶ数字に慣れてきたぞ！

4章まとめ

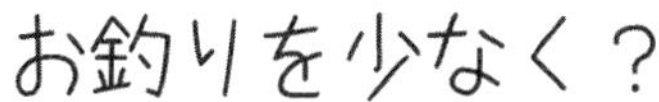

簿記といえどもごく簡単な数学の知識は必要です。しかしこの知識も本当に基本だけで十分です。自分は算数、数学ダメ人間だと思っている方もまったく心配は無用です。

日商簿記３級の学習では、ある程度の数学的要素の内容を勉強しますが、この第４章程度の知識があれば十分です。これ以上の難しい数学的な知識はまったく不要です。

この章で説明した各項目を落ち着いて読んで、その内容を理解をすればいいので、安心して今後の簿記の勉強に取り組んでください。

CHAPTER 5

これだけは知っておこう

POINT

簿記の勉強を始めるにあたり、数字の書き方や分類項目である勘定科目などのことを知っておく必要があります。さらに簿記の計算の中には、簡単な数学的な要素を含んだものもあります。しかしこれも心配はいりません。簡単な知識さえあれば十分です。念のため、簿記の勉強に必要な基本的な数学の事項をいくつか点検しておきましょう。
この章で説明されている内容が簿記学習に必要なかなりの範囲を占めており、これ以上の数学的な知識は不要だと考えてください。

chapter5

1 いろいろ使う省略記号

記号の意味を覚えよう

簿記でも問題文や解答に、省略記号などを使います。ここではよく使われる記号を紹介しますので、今後何の記号なのか戸惑わないように。

マーク	名　称	意　　　　味
〃	同上 ディトウ (ditto)	上や左右と同じであるときに「同上」などの意味で用いられる記号（ditto）です。これまでの算数などではこの「〃」マークを使うのは禁止され、同じ数字などを再度書いていたかもしれません。しかし簿記ではよく使います。
@	単価 アット (at)	これは品物など単価がいくらであることを示す記号（at）です。皆さんのメール・アドレスなどにもこの「@」が入っていますが、これは「どこに所属（帰属）する」というインターネット世界の特殊な用法です。正式には1単位当たりの単価を示すときに使用されます。
¥	円 エン (yen)	これはもうお馴染みですが日本の通貨単位「円」を示す記号（yen）です。日商簿記検定3級では出題されませんが2級になるとこの「円」の他に「$」ドルや「€」ユーロ記号なども問題に出てきます。
~	から・まで ティルダ (tilde)	これも比較的お馴染みの何々から何々までという一定の範囲を示すときに用いられる記号（tilde）です。
/	分数 スラッシュ (slash)	この記号（slash）は2つの意味で使われます。10個/分は「パイ」として用いられ、意味は「1分間に10個」という意味です。また2/3は「バイ」として用いられ、分数である「3分の2」を示します。

省略記号もマスターしよう

テキストや問題集にはいろいろな記号が出てくるので、正しい意味や使い方を知っておきましょう。

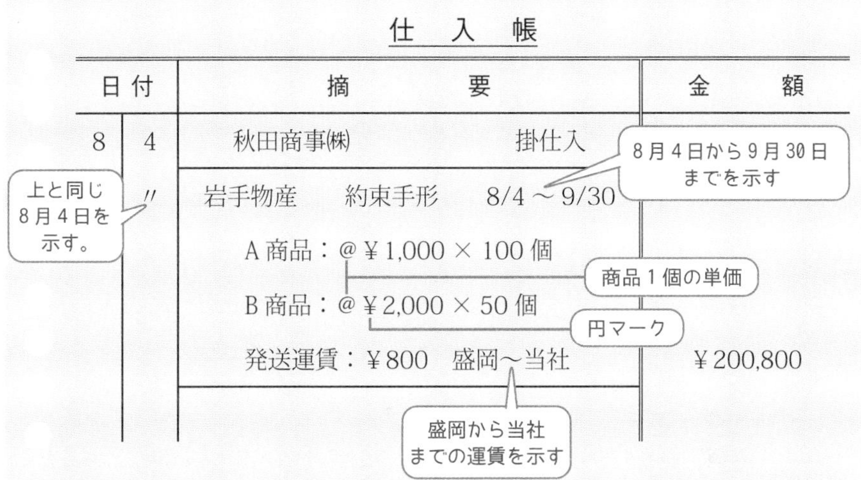

仕　入　帳

日付		摘　　要	金　　額
8	4	秋田商事㈱　　　　掛仕入	
	〃	岩手物産　　約束手形　　8/4 ～ 9/30 A商品：@ ¥1,000 × 100 個 B商品：@ ¥2,000 × 50 個 発送運賃：¥800　盛岡～当社	¥200,800

簿記テキスト等で目にする記号

これまであまり使用しなかった「〃（同上）」や「@（単価）」、また簿記では重要な「¥（円）」マークなどを確認しましたが、どうでしたか王子？

いろいろな種類の記号があって、それぞれ意味があるから、しっかり覚えなきゃならないね！

そうですね！　記号を理解してないと、正しい帳簿も書けませんからね。

chapter5

2 二本線や余白線などの意味

線にもいろいろな種類がある

右ページの「現金出納帳」を見てください。簿記の学習では、このような表がたくさん出てきます。

この一覧表ですが、斜線が引いてあったり、部分的に線が２本になっていたりしていますが、それぞれに特別な意味があります。

まず「現金出納帳」の一番上の線が２本線になっています。これは**「表題線」**と呼ばれ、通常はこのように一覧表等の上部に引かれます。

また、表の中の数字を縦に合計する場合に一番下に引いてある線を**「合計線」**と呼びます。このときに合計するのは数字だけですから数字以外の部分には、この合計線は不要です。

さらに、その金額が１ヵ月の最終的な合計額であれば、その下に**「締切線」**と呼ばれる２本線を引きます。

なお一覧表などで空欄がでたときは、後から数字などを書き足さないように空欄に**「余白線」**という斜線を入れておきます。

皆さんもこれら集計表などを作成し、線を引く機会がたくさんあります。このときに、どこに１本線や２本線を引くのかをよく考えて、正しい線を引いてください。

また、本来これらの線はすべて**赤色**が使われます。ただ日商簿記検定では赤ペンは使用することができませんので、実務上の作業だと考えてください。

簿記では線1本にも意味がある

とくに**合計線**、**締切線**と**余白線**の3本の線の引き方が重要です。

線の種類

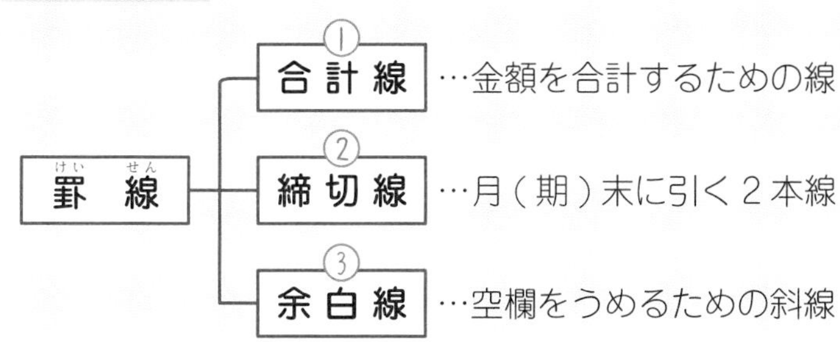

現金出納帳（げんきんすいとうちょう）

日付		摘要（てきよう）	金額	日付		摘要	金額
5	1	前月繰越	10,000	5	10	商品仕入	30,000
	7	商品売上	50,000		20	交通費	5,000
					31	次月繰越	25,000
			60,000				60,000

- 表題線は2本線
- くっつけない
- 日付欄も締め切る②
- 空欄のときは斜線の余白線③
- ①合計するための合計線
- 合計線はここには引かない
- ②締切線は必ず2本

chapter5

3 文字・金額間違えの直し方

文字と数字の修正方法

帳簿に記入した文字や数字を間違えてしまったときはどうしたらいいでしょうか？

実際の会社の帳簿では、間違いを消しゴムで消して正しい文字を書くというわけにはいきません。

間違った文字だけ「見え消し」をする！

文字の訂正は間違えた文字に赤ペンで2本線を引き、間違っている文字を分かる状態にして、間違えた文字の上部に正しい文字を書きます。この訂正の方法を「**見え消し**」と呼びます。文字の場合は、一文字間違えれば一文字だけを「見え消し」で訂正します。

数字はすべてを2本線で

たとえば、100円を1,000円としたら1,000円の1,000をすべて赤**ペンの2本線**で「見え消し」して1,000の上部に改めて100と記入します。つまり数字の訂正は、数字すべての修正をしなければなりません。

なお文字も数字も誤りを「見え消し」した上に、「訂正印」という修正を行った担当者の小型の印鑑を押印する習慣もあります。

日商簿記検定の解答は、ペーパーテストの場合は鉛筆を使いますので消しゴムで修正できますし、CBT形式では選択制なので「見え消し」は使いません。「見え消し」の修正は、実際の帳簿や、鉛筆で解答できない公認会計士、税理士試験での修正の方法だと考えておけばいいでしょう。

間違えた文字の直し方

文字と数字は訂正の方法が違うので覚えておくこと。また、「見え消し」という名称も知っておくと良いでしょう。

	方　法	訂 正 例
漢字のミス	間違えた文字に赤で２本線を引き、その部分に訂正者の印鑑（いんかん）を押し、正しい文字を書く。	車両 堀川 ~~備品~~売却損（一部のみ訂正する）
数字のミス	基本的には漢字と同じですが、一文字訂正ではなく**金額すべて**を訂正するのが特徴です。	100 堀川 ~~¥1,000~~（全て訂正する）

特殊な修正方法について

難しい契約書などで見かけるこの訂正方法は「見え消し」っていうんだね。漢字と数字の直し方に違いがあるのも知らなかったよ。

実務ではよく使う方法ですので、覚えておきましょう。ただ、簿記検定（ペーパー形式）では、鉛筆で解答するので、消しゴムで訂正可能ですよ。

chapter5

4 日にちの数え方・月別日数の覚え方

今月は 30 日まで？ 31 日まで？

簿記では利息計算などで、何月何日から何月何日までという日数の計算をすることがよくあります。

普段、カレンダーはなんとなく見て生活しているので今月が 30 日までか 31 日までかということにはあまり関心がなかったかもしれません。

しかし、これから勉強する**簿記ではこの 30 日か 31 日までかというのは、試験の解答の計算にはとても重要な知識**です。

小の月と大の月。

- 「小の月」30 日までしかない月
- 「大の月」31 日まである月

この「小の月」と「大の月」を暗記するには、「小の月」が 2、4、6、9、11 月なので「**に、し、む、く、侍**」（ニ・シ・ム・ク・サムライ＝西向く侍）と語呂で暗記しましょう。

※ただし 2 月は閏年でなければ 28 日しかありませんから注意してください。

また 11 月の侍は、1 チーム 11 人で行われるサッカーの日本代表が「侍ジャパン」と呼ばれていますので、このことと関連づけて暗記しましょう。

大の月と小の月の区別

▶小の月を語呂で暗記！

に　し　む　く　さむらい
2月　4月　6月　9月　11月

☻11月が侍な本当のワケ

11を漢数字で表すと十一
↓
十一を縦に書くと士
↓
士は士（**サムライ**）の字に似てる

☻注意点

4・6・9・11月は30日
ただし2月は28日

▶大の月

1月　3月　5月　7月　8月　10月　12月は31日

大の月と小の月を知る必要性

何で簿記の勉強で、大の月と小の月のことを覚えなきゃならないの？

利息（りそく）などを日数計算しなければならないときに必要な知識なんですよ。日数計算は3級から出てきますので、「大の月」「小の月」を覚えるのは、とても重要なことです。

これからはちゃんと30日と31日の月が分かるようにしておくよ。

chapter5

5 12ヵ月を区分(くぶん)する計算

1年間は12ヵ月！

簿記ではお金の収支や儲けの計算を1年間を基準として行います。

カレンダーでは、1年は1月～12月までの12ヵ月です。しかし、会社ではこの1年間をいつから始まっていつ終わるかということが自由に決められます。多くの会社では、1年間を**4月1日から翌年の3月31日**で区切ることが多く、この期間を会計期間といいます。会計期間の始めの日は期首、終わりの日を期末（**決算日**）と呼びます。

月割(つきわり)計算に慣れよう

例えば、ある会社が1月1日からその年12月末までの1年間を基準に記帳をしている場合、この会社が8月1日にコンピュータ・サーバの使用料1年分を、月当たり10,000円、年間合計120,000円で支払ったとします。

そうすると12月31日の時点で考えれば、1年分として支払った使用料のうち7ヵ月分は来年分を支払ったことになるので、今年の経費になる部分と来年の経費になる部分を次のように計算をします。

1年分の支払額 120,000円	×5ヵ月／12ヵ月（8月1日～12月31日）=50,000円
	×7ヵ月／12ヵ月（1月1日～ 7月31日）=70,000円

このように経費などを月割計算するということが簿記の学習ではよく出てきます。

1年分を区分する計算

経費の中には事前に1年分を支払うものもあります。このようなときには支払日と精算日（決算日）の関係でこの1年間の期間が分断されてしまうこともあります。

▶例えば…

8月1日に1年分のリース料（@10,000円×12ヵ月）120,000円を支払ったが、12月31日に決算日となった。

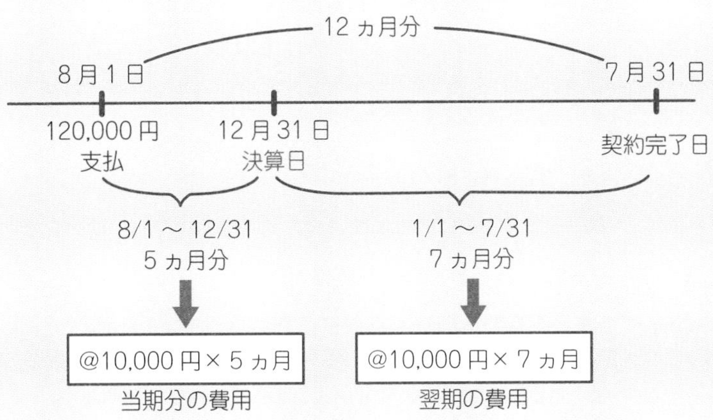

費用は月数で区分計算することもあるのかー。細かい処理だから気をつけよう！

6 赤字文字で書く場所

赤字はみんなキライ

テレビのニュースなどで「**赤字**」という言葉を耳にしたことがあると思います。この赤字とは何を示すか分かりますか。

この赤字には、一般的に2つの意味があります。

1. 支出額が収入額を上回ること

これはお小遣いが10,000円しかないのに12,000円の買い物をした場合で、不足分の2,000円が赤字分ということになります。

2. 商売で損をするような場合

これは10,000円の仕入商品を、原価より安い7,000円で販売すれば差額3,000円が損をしたことになり、赤字になります。

帳簿に赤字で書く場合

この赤字という言葉ですが、簿記学習上では使用することはありません。ただし実際の記帳では**赤色**で文字を書かなければならない場所があります。これは**収支額などの差が出た場合です**。具体的には現金などの残高が出てこれを翌月に繰り越すような場合です。

また**損益計算書**（参照⇒P128）の当期の利益（儲け）も**赤文字**で書くこととされています。

しかし実際の試験は、鉛筆か黒ペンしか使えないので、赤字での記述は行われません。

正式には赤文字で書く個所もある

簿記試験では必要ありませんが、実際の帳簿上には**赤文字**で書かなければならないところもあります。

この〰線は省略という意味で実際の帳簿にはありません

現金出納帳

日	付	内　訳	収　入	支　出	残　高
5	1	前月繰越	15,000		15,000
	5	消耗品購入		3,000	12,000
	6	今週分売上	31,000		43,000
	30	郵便切手代		2,500	13,400
	31	次月繰越		13,400	
			153,600	153,600	
6	1	前月繰越	13,400		13,400

5月末の残高を示している

報告書でも**赤文字**を使用することがあります。

損益計算書

自 平成○年4月1日至 平成○年3月31日　　(単位：円)

販売品原価	100,200	売上高	185,300
給　料	64,000	受取利息	3,100
当期純利益	24,200		
	188,400		188,400

今期の儲け

※上記「現金出納帳」や「損益計算書」についてはあとで詳しく説明します。ここでは**赤文字**の雰囲気だけつかんでください。

5章まとめ

この章では、昔からの簿記の習慣などについて説明をしました。省略記号や線の引き方、数字の訂正の仕方などそのすべてが実際に行われている方法です。

皆さんもこの章で解説されたことと同じことをノートやペーパー試験の答案用紙で行わなければなりません。残念ながら、これらの多くは、一般の簿記の参考書には説明されていませんが、実はそのすべてが簿記の基礎項目なのです。

２本線を引く意味やその色、また日数の数え方など、この章の内容は、本格的に簿記の勉強を始めてからも読み直すことがたくさんあると思います。

CHAPTER 6

簿記の基本のキ

簿記はお金の収支を記録して、報告することが目的です。
この章から、いよいよ本格的な簿記の学習が始まります。
とくにこの第 6 章は、これまでの章以上にその内容を注意深く読み、そして各項目を十分に理解してください。
この章の理解度が、今後の簿記学習の成果に大きな影響を及ぼすことになります。

chapter6

1 これから学習する簿記のこと

決算書作成が簿記の目的

簿記は、会社の決めた1年間の最終日（決算日）に、一定のルールに従って「**決算書**」をつくることを最終目的としています。

それなら「決算書」って何？

さて、この「**決算書**」というのは何でしょう。

決算書とは、会社の1年間の儲けなどを計算した一覧表のことです。つまり会社の通信簿と考えてよいでしょう。

この決算書には次の2つのものがあります。

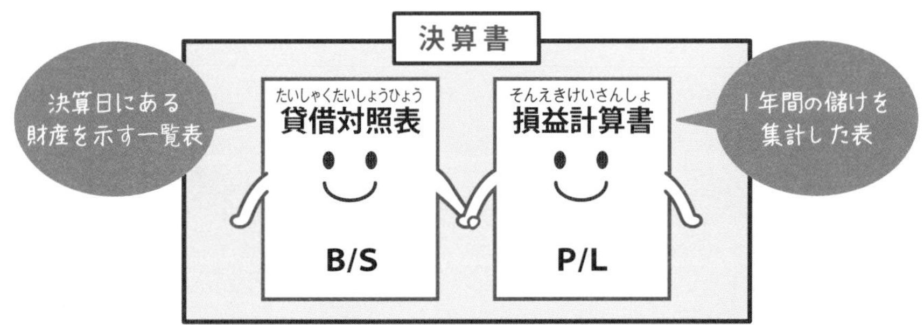

「決算書」はどうやって作成するの？

右ページに日商簿記検定3級の出題に関連させて、「**決算**」までの流れを説明しておきました。この章では、これを参考にして、今どこを勉強しているのか迷わないようにしてください。

「決算書」までの流れ

ちょっといろいろな用語が出てきますが、全体の流れを説明しますから参考にしてください。

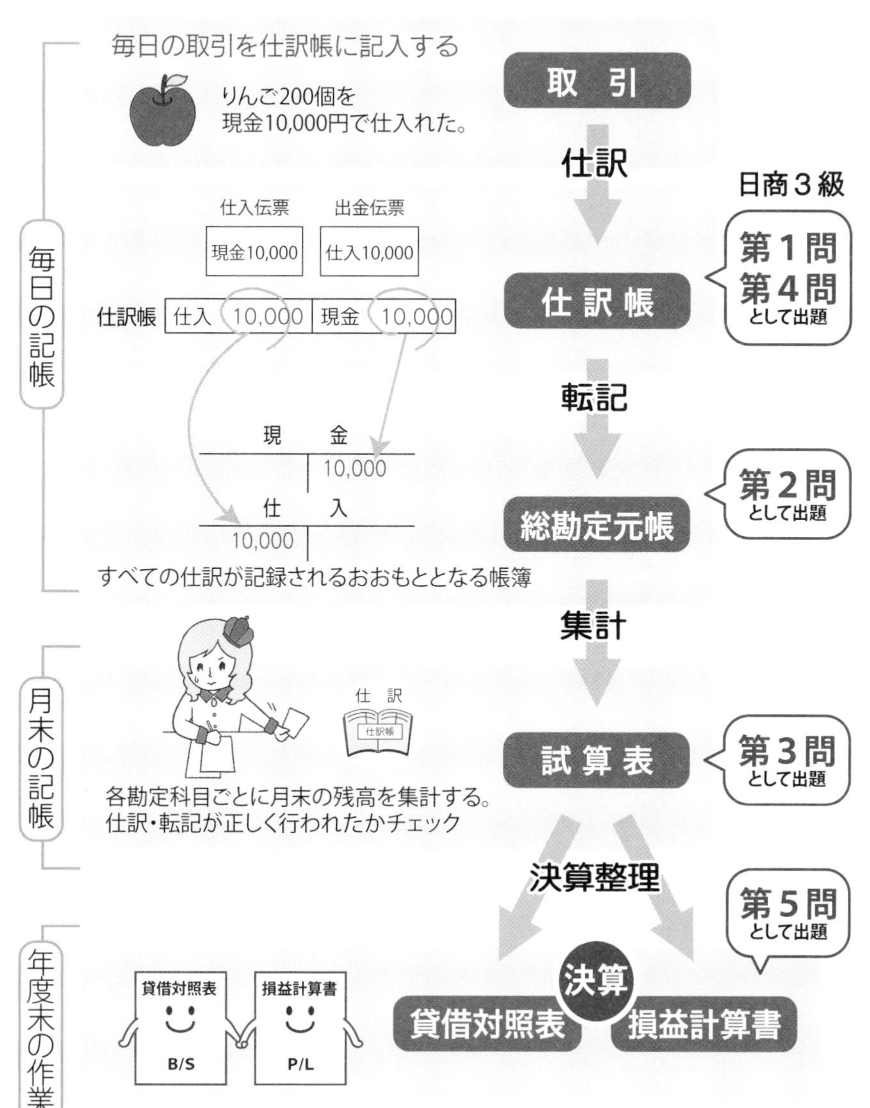

2 「取引（とりひき）」とは何か

簿記特有の意味を持つ「取引」

一般的に「取引」といえば物やお金など何らかのやり取りが考えられます。つまり大きな商社が外国と貿易をしたり、身近ではコンビニでお客さんが食料品を購入するのも「取引」です。

簿記では少し難しいのですが、取引を次のように定義します。

取引（とりひき）	「取引」とは会社の「財産の増減（ぞうげん）」、または「費用」や「収益」が生じたもの

何だかよく分からない定義ですね。

分かりやすくいえば、会社のお金や借金が増えたり減ったり、給料などの経費を支払ったときや、さらに商品を売って儲かったりしたことを「取引」と考えるということです。

火事も「取引」になるって？

また簿記でいう取引の定義によれば、会社が投資目的で持っている株式の値段が下がったり、建物の火災による焼失（しょうしつ）などがあれば、これも取引として記録します。これらは財産の価値が下落し、あるいは消滅したので、取引とみなすのです。

簿記の「取引」になるものに○印を付けよう

No.	○印	取　引　例
1		スマートフォンの新機種 50,000 円の購入予約をした。
2		夏物の衣類を大量に仕入れたが、秋になりシーズン遅れになり、その価値が暴落した。
3		営業用の JR カード「イコカ」に現金 3,000 円をチャージした。
4		先月のバイト料 23,000 円が、来週もらえる予定だ。
5		結婚して独立することになり、新居のためのアパートを仮契約し、明日お金と印鑑をもって正式な契約にいく。
6		パソコン購入時にインターネット接続料金を 3 年分一括で 36,000 円前払いさせられた。
7		新しいゲームソフト 8,000 円を購入するために、ゲーム店に予約金 3,200 円を現金で支払った。
8		自宅にスマートフォンの料金が未払いとのことで 4,800 円の請求書が届いていた。
9		新型ゲーム機 23,000 円購入のための抽せんに応募した。
10		給料日前にお金がなくなり、バイト先の店長に 5,000 円を、前借（まえがり）してしまった。
11		消費者金融で 50,000 円借りたら、先に利息 3,000 円を差し引かれて 47,000 円の現金を受け取った。
12		友人に貸した 5,000 円が返ってこないので電話したら、その電話番号は使用中止で、友人もどこに引っ越したのか分からない。

簿記の取引になるもの
2・3・6・7・8・10・11・12

3 いつの「取引」を記録するのか

未来のことは記録しない

簿記では、実際に起こったことを記録します。

たとえば、薄型テレビを仕入れれば、この入手を**記録**します。先週末の金曜日に、部長が得意先を飲み屋で接待し代金をツケにしてきたというものも、お金は払っていませんが簿記では取引として**記録**します。しかし**将来売れるであろう薄型テレビを売れた**として記録したり、あるいは**支払っていない飲み屋のツケを支払った**という記録をすることはできません。

これは、「取引」の定義が**会社の財産の増減、または費用や収益が生じたもの**だからです。薄型テレビは販売用に入手すれば、これは会社の財産が増えたことになります。また部長が得意先を接待すれば交際費という経費が発生しています。したがってこれらは「取引」として記録できます。逆に売れてないものや支払っていないものは財産等の変化がないので取引にはなりません。

例外は売上代金が回収できないとき

ただ将来のことでも、**得意先の倒産などで売上代金が回収できないことが予想されるときなど特別なケース**では、これを記録します。

つねに現在と過去のことを記録する

簿記で記録する**「取引」**は、実際に現在、もしくは過去に起こったことです。

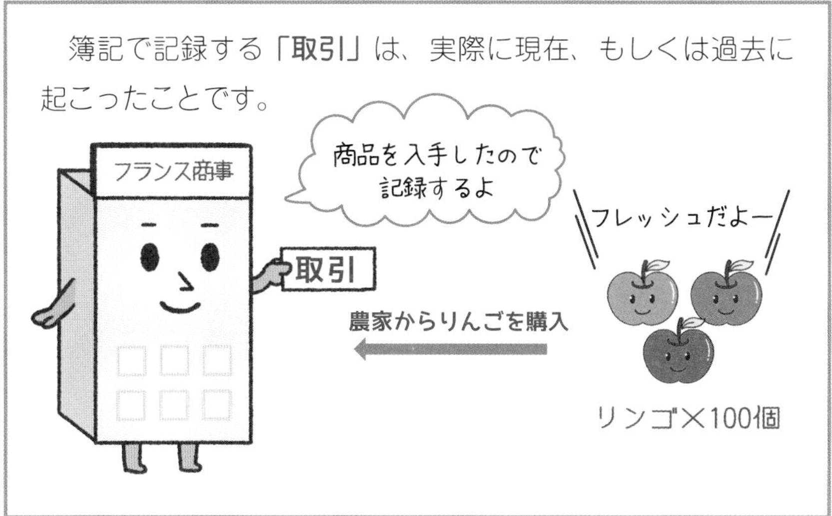

しかし、これから販売しようとしたり、あるいは販売されるだろうという将来の予想は記録することができません。

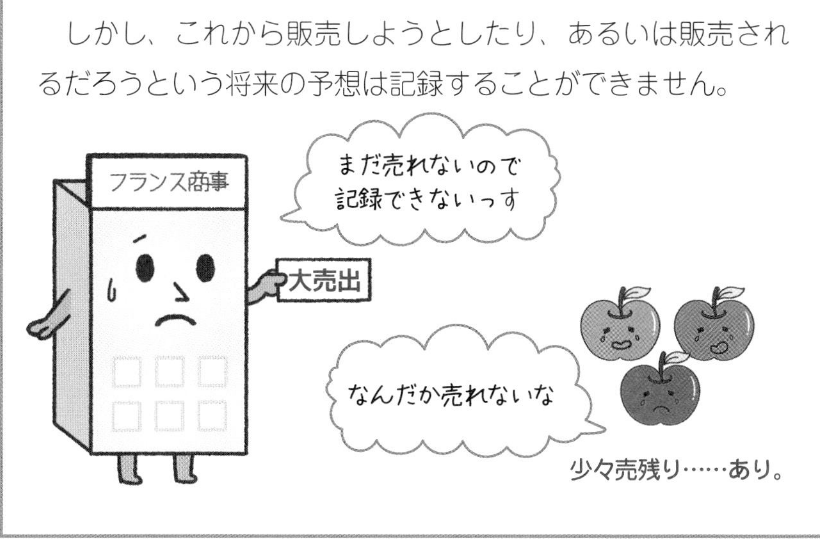

4「記帳（きちょう）」という言葉

「会計帳簿（かいけいちょうぼ）」が最終目的

簿記はお金の収支を記録し、この金銭収支に関する報告書を作成することを最終的な目的とします。

この金銭の収支は、専用の帳簿に記録します。この簿記のための専用の帳簿を「**会計帳簿**」と呼びます。この「**会計帳簿**」という用語はとても大事な言葉ですから暗記しておきましょう。

記録する作業を「記帳」という

さてこの「**会計帳簿**」は、会社の中で簿記の仕事を専門にしている担当者が記録します。この「**会計帳簿**」に、会社に発生したお金の収支などを記録する作業のことを「**記帳**」と呼びます。

つまり簿記というのは

会計帳簿（かいけいちょうぼ） に **記　帳（きちょう）** する方法のことなのです。

しかし現在の簿記は、人が会計帳簿に実際に記入を行うわけではありません。すべてコンピュータにデータとして入力します。つまり記帳の代わりに入力が行われているということです。

この会計帳簿を用いて決算に必要な「貸借対照表」と「損益計算書」（P.116、P.128参照）を作成します。

簿記という言葉

簿記は専用の帳簿である**「会計帳簿」**に記入することにより行われます。この会計帳簿へ記録（記入）することを**「記帳」**と呼びます。

会計専用の帳簿　に　記入すること

この**「会計帳簿」**に**「記帳」**するという２つの言葉を合成して**「簿記」**という言葉が生まれたと言われています。

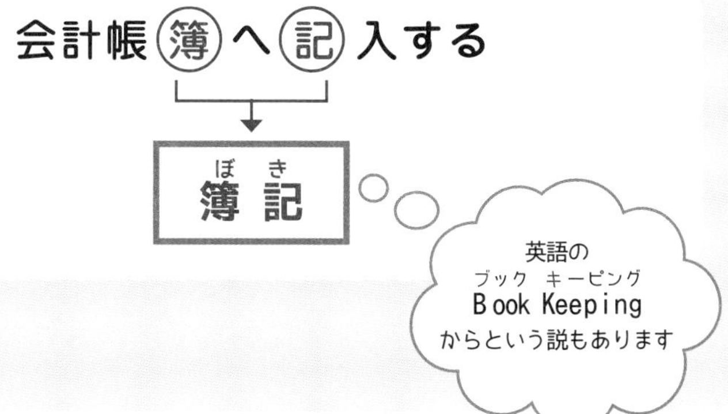

chapter6

5 損した得したというのはどんなとき

いくらか損して、いくら得をした

王子は、今日心斎橋でバーゲンがあることを思い出しました。しかし財布にはお金がほとんどありません。しかたなく親友から10,000円を借りてバーゲン会場に行きました。会場には**定価16,000円のデニムが50% off 8,000円で売っていたので、早速購入しました①**。

会場で大学の先輩に偶然会い、久しぶりということで通天閣に串揚げを食べに行きました。なんと二人分の**食事代5,000円はすべて先輩が出してくれました②**。

話が盛り上がり、喋りすぎたせいか気がつくと終電間際、ダッシュで恵美須町駅に向かいますが、不幸なことに堺筋線終電に間に合わずタクシーで帰ることになり、この**タクシー代が1,500円掛かりました③**。

タクシーから降りてアパートの前の自動販売機で130円のお茶を買おうと**150円を入れると、何とペットボトルが連続して2本出てきます。でもおつりの20円は出てきません④**。

帰宅するとパソコンに母からのメール、今月は王様のボーナスなので**仕送りをいつもより20,000円多く振り込んでくれる⑤**とのことです。

翌日、親友に借りた10,000円を返すために銀行で現金を引き出し、お礼として友人の好物の**コーラのペットボトル100円を買っていっしょに返しました⑥**。

「得した」と「損した」ケースを考えてみよう

①
CLEARANCE
16,000円
50%オフ
8,000円
得

②
串揚げ 5,000円は
ごちになる
得

③
終電のため
タクシー利用
1,500円
TAX
損

④
一本
二本に
茶
が
茶
茶
でも
おつりが
出てこない
得

⑤
パァ
はいよ
お父さま
ありがとー
20,000円
仕送りが 20,000円アップ⬆
得

⑥
友人に借りた
お金の利息として
100円のジュース
を渡した
COKE
損

まあ人生は損した分だけ
得をするというからね。

chapter6

6 簿記での「足し算」・「引き算」

縦型計算・横型計算

簿記の計算はお金の出入りなので、足し算と引き算が中心です。ただ、**この足し算、引き算の計算は縦に計算するのではなく、1行横計算をするイメージです。**

縦型計算

12,000円
＋3,000円
－5,000円
10,000円

横型計算　12,000円＋3,000円－5,000円＝10,000円

簿記では計算の多くを縦型ではなく、1行の「**横型計算**」で考えるので少々面倒です。

なぜ横型計算をするのかは簿記の記帳方法にその理由があります。

現在の簿記は「**複式簿記**」（詳細は第9章）と呼ばれる方法で記録し、**「貸借対照表」**（詳細は第7章）などの「**左側**」と「**右側**」**で財産や借金の収支計算をするからです**。このとき左側の金額をもとにしてプラス、マイナスをするだけではなく、**右側の金額にプラス、マイナスをして答えを求める**ようなこともします。

ここから左側に計算する

10,000円＝←（－5,000円）←（＋3,000円）←（12,000円）

特殊な横型計算

左からじゃなくて
右から横型に計算するって
どういうこと？

左側から → 5 ＋ 2 ＝ 7

6 ＝ 2 － 8 ← 右側から

8マイナス2＝6

簿記では根本的に横型計算思考が基本です。

これは簿記独特の記入ルールがあるからです。この記入ルールは左側と右側を区別しながら差引計算をするので、ちょっと変ですが下記のようなこともあるということです。

左からなら

12,000 円 ＋ 3,000 円 － 5,000 円 ➡ 10,000 円

右からなら

10,000 円 ⬅ － 5,000 円、＋ 3,000 円、12,000 円

これは簿記学習で
大切な考えです。

chapter6

7 現金の「収支」

簿記でよく使う「収支」

ここでは現金の収入と支出を「**収支**」として考えてみましょう。この収支というのは「**収入**」と「**支出**」が合体した言葉です。

収入 お金がサイフに入ってくるのはどんなとき

バイト料を貰(もら)ったとき、銀行に貯金してあるお金を引き出したとき、友人などからお金を借りたとき、インターネット・オークションやフリー・マーケットで不用品を処分したとき等が考えられます。

支出 お金がサイフから出ていくときはどんなとき

スマホの料金を支払ったとき、電車賃やバス代を支払ったとき、コンビニで買い物をするとき、弟や親友などにお金を貸すとき等です。

会社でいう「収支」とは？

収入より支出の方が簡単に思い浮かぶと思います。

会社のお金の「**収支**」も皆さんの「**収支**」とほとんど同じです。

皆さんの「**収支**」と違うところは**商品を売り上げてその代金が入金**されたり、株主と呼ばれる出資者から**資本金の払い込みによる収入**などがある点です。

また支出については、会社では多くの**経費の支払い**があり、会社の**従業員の給料**や、**営業のための出張経費等**が支払われます。

お金の出入り

会社にいろいろな理由でお金が入ってきたり、出て行ったりすることを「お金の**収支**があった」と考えます。これをもう少し難しく表現すると「会社の**金銭収支**」といいます。

現金の「収入」と「支出」の意味

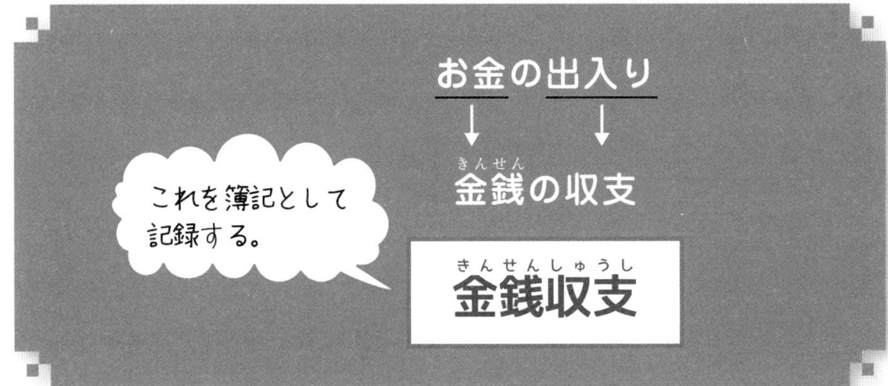

chapter6

8「収入」と「収益」

「収入」と「収益」を正確に使い分ける

簿記では、「収入」と「収益」という言葉を明確に使い分けます。

簡単にいうと、「収入」の一部分が「収益」になります。右ページの図を見てください。会社に入ってくるお金の「収入」の一部分が「収益」になります。つまり商品を売れば代金が入ってきて「収入」になり、入ってきたお金は全額「収益」になるということです。

商品の売上代金に関する現金収入＝収益

ところが同じ現金の収入でも銀行からの借り入れはどうでしょう。現金は入ってきますが、これは借金であり、儲かったわけではないので収益ではなく単なる「収入」となります。

銀行からの借入収入 ➡ 収益ではない

「支出」と「経費」の関係

同じことが経費などの「費用」(次の「9. 支出と経費」で解説)についてもいえます。

給料の支払いは、現金の支出で、費用になりますが、銀行から借り入れているお金を返したようなときは費用になるわけではありません。

費用になる支出 ← **現金の支出** → 費用にならない支出

「収入」と「収益」の関係

「**収入**」というのは、会社にお金が入ってくること。この入ってきたお金の中の一部が「**収益**」になるということです。

収入（しゅうにゅう）

（お金が入ってくる（金銭収入）のすべてが収入）

収入の一部

《収　益》

- 商品を売った代金
- 銀行預金の利息
- 持っている株の配当金など

（金銭収入）

- 銀行からの借金
- 株主からの出資

（金銭収入）

など

「収入」あっての「収益」

「収入」という言葉と「収益」という言葉は、すごく似ていますが、ぜんぜん意味が違うのできちんと区別しておきましょう。

「収入」の中に「収益」が含まれるんだね。

9 「支出（ししゅつ）」と「経費（けいひ）」

金銭を「支出」する場合

会社がお金を支払うのはどのようなときでしょうか。たとえば従業員の給料を支払う支出、水道代などの料金を支払う支出、販売するための商品を購入して代金を支払う支出、自動車のローン代金を支払う支出、また銀行からの借金返済のために支払いをする支出等、いろいろな支払いが考えられます。

「経費」になるもの

「支出」も支払ったお金のうちで「経費」になるものとそうでないものがあります。

たとえば上記で例に挙げた、給料の支払いは会社の経費になりますが、銀行からの借金返済の支払いは経費にはなりません。

給料の支払い	⇒ 会社の「経費」になる支払い
銀行の借金を返す	⇒「経費」にはならない支払い

簿記では「収入」と「収益」という言葉、また「支出」と「経費」という言葉を明確に区別して考えてください。

収入
収益
支出
経費

「収益」と「経費」の区別

次の収支の中から「収益」**になるものに**○印、「経費」**になるものに**△印を付けなさい。

NO	○・△	取　引　例
1		銀行預金の本年分の利息 3,000 円を現金で受け取った
2		自動車修理会社が修理代金 230,000 円を現金で受け取った
3		荷物を運搬するためのトラックのガソリン代 10,000 円を現金で支払った
4		従業員に今月分の給料 200,000 円を現金で支払った
5		客を取引先に紹介して手数料 10,000 円を現金で受け取った
6		銀行から運転資金として 500,000 円の借金をしているので、本日利息 10,000 円を現金で支払った
7		コンピュータ・サーバの今月分のレンタル代金 20,000 円を現金で支払った
8		月賦（げっぷ）を条件に販売していた自動車の売上代金の今月分 50,000 円を現金で回収した
9		お得意さんを接待するためにレストランで飲食代 10,000 円を支払った
10		商品 20,000 円をクレジットカードにより販売した

解答

○印（収益となる収入）⇒ 1・2・5・8・10
△印（経費となる支出）⇒ 3・4・6・7・9

chapter6

10 「儲け」の考え方

「儲ける」ということはどういうことか

さてこの章の最後に、簿記では非常に重要な「**儲け**」について考えてみましょう。

例えば、あなたが友達へ今日 10,000 円貸して、次の日、そのまま返してもらったとします。あなたには10,000円の金銭収支がありましたが、これにより「**儲け**」は発生していません。つまり、現金 10,000 円の入金と出金はありましたが、この金銭収支からは「**儲け**」はまったく出てこないということです。

利益が出ることを「儲け」という

また以前に買った 10,000 円のアクセサリーが、インターネット・オークションで 12,000 円で売れたら、今度はどうでしょう。この取引からは 2,000 円（＝ 12,000 円－ 10,000 円）の「**儲け**」が出てきます。

利息を取らない友人とのお金の貸し借りからは「**儲け**」は出ず、アクセサリーの売買からは「**儲け**」が出ます。つまり「**物を売買する**」ということが「儲け」が出る前提条件なのです。

簿記ではこの「**儲け**」のことを「**利益**」と呼びます。詳しくは第 8 章でお話します。

商品等を売買した結果の儲け＝ 利益（りえき）

儲けを出す商売

友人にお金を貸して、返してもらったという取引からは「**儲け**」は出てきません。

現金収支のみ発生

商品を購入して、これを販売してお金が入ってくればこの収入と支出の差額は「**儲かった**」ことになります!!

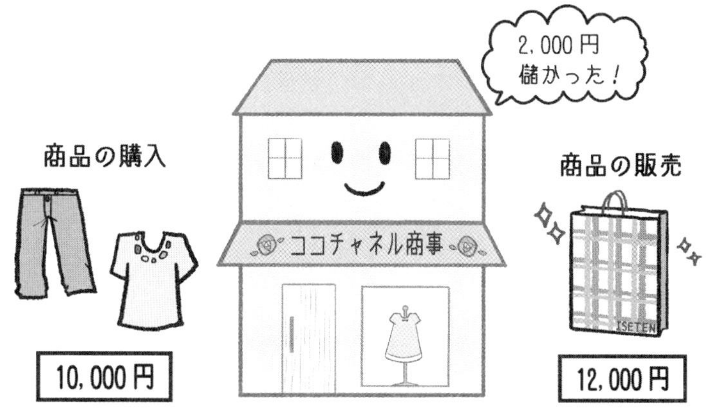

販売した代金　商品の購入代金　儲　け
12,000円 − 10,000円 ＝ 2,000円

6章 まとめ

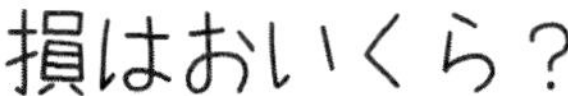

この章では、簿記がお金の収支をどのようにとらえて記録をするのかということがテーマでした。

簿記は会社のお金の収支を帳簿に記録します。この時に収入と収益、さらに支出と経費を明確に区別して考えなければならないことが重要です。この区別が明確にできて初めて儲けという考え方ができます。

簿記の究極的な目的は、会社の儲けの計算にあります。まずはこの儲けの計算の基礎である収益と経費というものがどんなものかをこの章で理解しておけばOKです。

CHAPTER 7

会社財産の報告書

簿記の目的は会社のお金の収支記録を行うことです。さらにもう一つの目的に、この金銭収支の報告書を作成するということがあります。
簿記では、会社にどんな財産や借金が残っているのかという報告書を作成しなければなりません。
この報告書は財産の一覧表なのですが、簿記では非常に重要な書類です。この章ではこの財産の一覧表について、いつどのようなものを作成するのかということを具体的に説明します。
今後、簿記を勉強する基礎となる内容ですから完全に理解してください。

chapter7

1 財産の一覧表

ここから重要な基礎知識に入ります

簿記には、下記に示す大事な目的が2つあります。

- **会社のお金の「収支」を「記録」すること**
- **お金の「収支報告書」を「作成」すること**

「貸借対照表」はお金の残高を示すもの

さて「収支報告書」といえば、まず最初に出てくるのが**貸借対照表**（Balance Sheet ＝バランス・シート、略称 B/S）です。

会社では、多くの資金を集めて商売をしており、その経営状況は借金などはできるだけ少なく、現金預金や土地などの財産ができるだけ多いことが理想です。これを明らかにする一覧表が貸借対照表という報告書です。

貸借対照表

会社のお金や土地などの財産、また銀行からの借金などの金額を**一覧表**にして、会計期末（会計期間の終わり・決算日）にどのくらいの財産があるのかを明確にする「**報告書**」。

貸借対照表の内訳

「貸借対照表」は、アルファベットのT字型を基本スタイルに作成します。重要なことなのですが、**「左側には財産（資産）」**を**「右側には借金（負債）」**と事業開始にあたって用意した**「資金（純資産）」**を計上します。

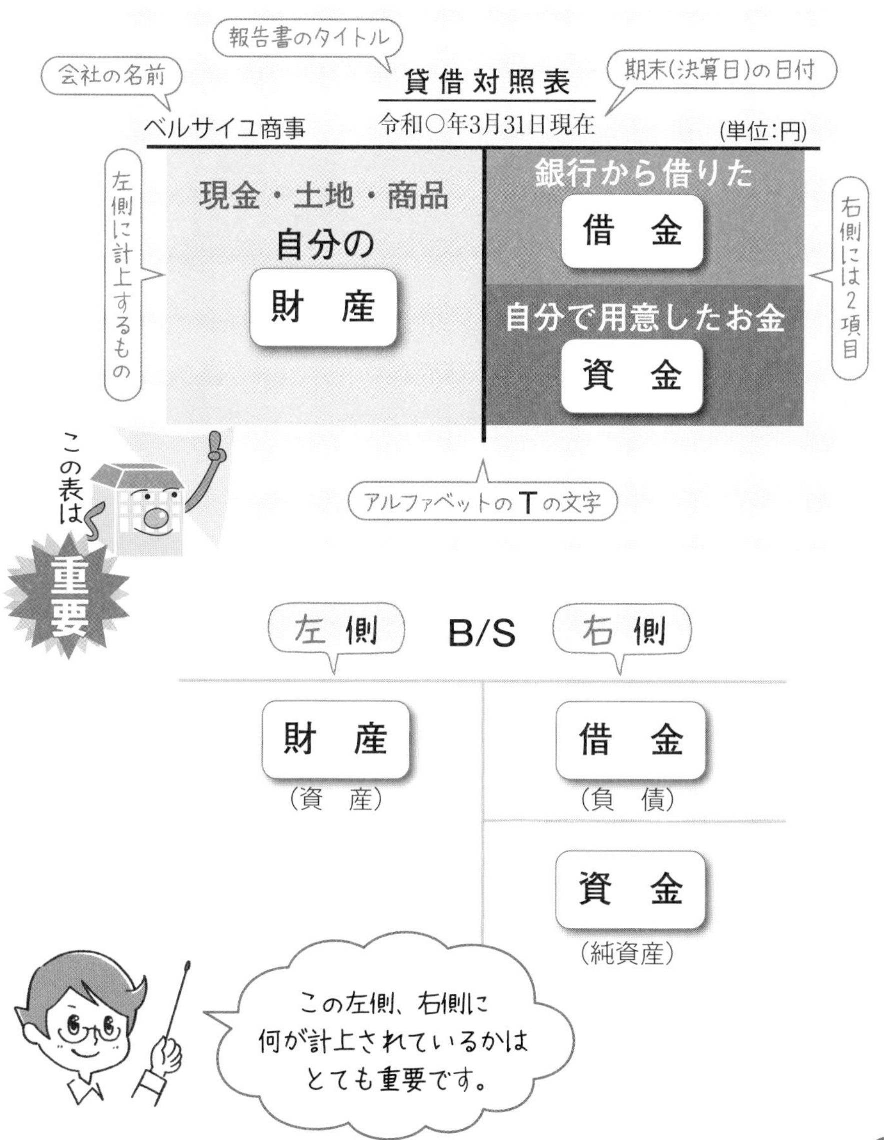

chapter7

2 「会計期末(かいけいきまつ)」に作成する意味

「会計期間」とは1年間のこと

貸借対照表は会計期間の末日に作成されます。そもそもこの「**会計期間**」というのは何でしょうか。これは「**会社が定めた1年間**」であり、この期間を基準にして儲けの計算をしたり、会社の人事を決めたり、会社経営のためのひと区切りの期間と考えてください。

一般的な会社は4月1日から翌年の3月31日までの1年間を「**会計期間**」としています。さらにこの会計期間の初日4月1日を「**期首**(きしゅ)」、会計期間最後の日である3月31日を「**期末**(きまつ)」あるいは「**決算日**(けっさんび)」、また4月1日から3月31日までを「**期中**(きちゅう)」と呼びます。

期首(きしゅ)	期中(きちゅう)	期末(きまつ)(決算日)

さて、「**貸借対照表**」は会計期間の最後の日、つまり期末(決算日)の日付けで作成されます。これは「**貸借対照表**」が**期末という一定日の財産を示すということを目的にしている**からです。

貸借対照表(たいしゃくたいしょうひょう)

決算日に財産はいくらあるのか？
借金はどれだけ残っているのか？
といった会社の財政状態を見る表だね。

会計期間と会計期末

簿記は、会社が定める「**会計期間（1年間）**」を基準にして、お金の収支記録を行います。

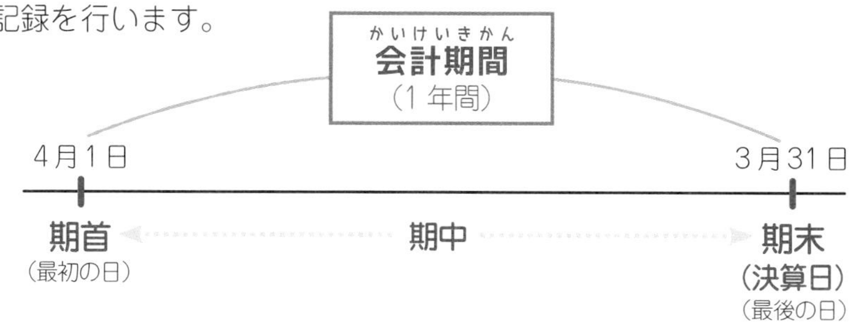

「**貸借対照表**」は、この会計期間の末日である3月31日という一瞬をとらえて、その日の財産と借金を明らかにしようという目的で作成されます。

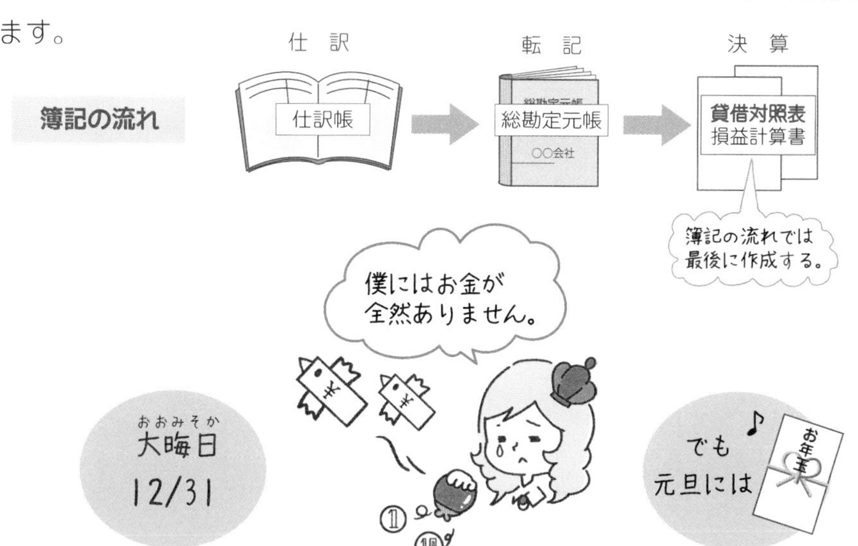

3「財産」とは何か

「財産」の形は様々

会社財産の一覧表である「**貸借対照表**」には、会社がもっている「**財産の内訳と金額**」を計上します。

会社の「**財産**」は、基本的には土地や建物などです。これ以外にも現金や銀行預金などもあるでしょう。さらに会社には、目に見える財産のほかに、形のない「**財産**」もあります。

たとえば取引先にお金を貸していたりしたらどうでしょう。また会社が自ら発明した特許などがあるときは、特許権という権利を持っていることも考えられます。

簿記では財産のことを「資産」という

「財産」の範囲は広く、「**土地建物**」のように目にみえる物、取引先にたいする「**貸付金**」のような権利、また会社が発明した「**特許権**」のような権利を示します。

簿記ではこれら「**財産**」のことを一括して「**資産**」と呼びます。「**資産**」という言葉を耳にしたら土地建物だけでなく、実体のない権利のようなものまでを含むと考えてください。

財産 ＝ **資産**

会社財産の種類

貸借対照表の左側には会社が保有する「**財産**」が計上されます。さてこの会社「**財産**」には、どんなものがあるのでしょうか。

1 実体のある財産

1 現金

2 販売目的で保有する商品

3 土地や建物

4 値上がりをしたときに売却を考えて保有する株式

2 実体のない権利

1 銀行預金

2 取引先へお金を貸している場合

3 法律的な権利

1 特許権（自社で発明した特殊な製造技術など）

2 のれん（その会社が持っている伝統的な価値）

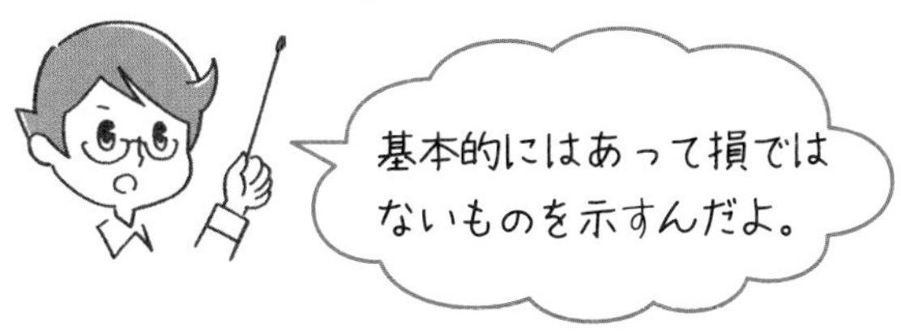

4 「借金」とは何か

返さなければならないお金が「借金」

財産に比べると「借金」（銀行から借りたお金等）はあまりよいイメージはありません。

会社は資金的な事情で、その多くが「借金」をしています。かなり儲かっている会社であっても、普通は借金をしています。

「借金」の多くは会社の資金繰り（入ってくるお金と出ていくお金のバランスをとること）という問題が原因です。大きな商売をするためにはたくさんのお金が必要ですし、商売が軌道にのれば、会社はさらに事業を大きくするために、より多額のお金を必要とするようになります。

簿記では「借金」を「負債」という。

これはサラリーマンが、住宅ローンを組んで、その後、収入が増えていくと少し大きな家に住み替えるのとよく似ています。

この会社の「借金」ですが、具体的には銀行からの「借金」のほかに、仕入先への商品代金の未払いなどがあります。また従業員に将来支払わなければならない「退職金」などもあります。

借金（しゃっきん） ＝ 負債（ふさい）

会社の「借金」を総称して、簿記では「負債」と呼びます。

借金等の種類

誰かにお金を借りれば借金（負債）です。この借金は貸借対照表の右側に計上することを忘れないでください。

負債
（借入）

会社の借金だよ

フランス商事

1 普通の借金

1 銀行などからの借金

2 水道光熱費等でまだ支払いをしていないもの

3 自動車などを購入したローンの未払分

4 販売する目的で購入した商品の未払代金

2 従業員からの借金

1 翌期になって支払う予定の従業員のボーナス

2 将来従業員の退職時に支払う退職金

将来支払う義務があるものということだね。

5「資本金」とは何か

「株主」って何？

会社というのは、「**株主**」というお金を会社に提供した人たちの資金を基礎にして商売をしています。この資金を出してもらった証拠として会社が株主へ発行する証明書を「**株券（株式）**」といいます。また、簿記では、この会社に提供された資金のことを「**資本金**」と呼びます。

資本金	▶ 株主への返還義務はなく、会社が自由に使えるお金。

この株券には価値があり、株主の人たちは誰かに株券を売って儲けることもできます。

簿記用語「資産」「負債」「純資産」を覚えよう

会社は儲かったお金を「**株主**」に分配します。これを「**配当金**」と呼びます。また会社は儲けの一部を内部留保といって社内に残すこともあります。これも会社自身の資金になり、これらを総称して「**純資産**」と呼びます。

資 産（財 産）	**負 債**（借 金）	**純資産**（資 金）

この３つは**貸借対照表**に関連しますので、正しく理解しておきましょう。

株式会社の素になる資本金

大企業

うちは資本金
10億円です

資本金ってなに？

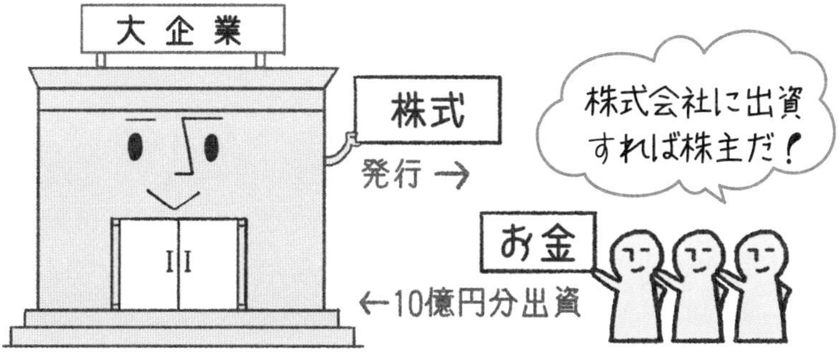

大企業

株式

発行→

株式会社に出資
すれば株主だ！

お金

←10億円分出資

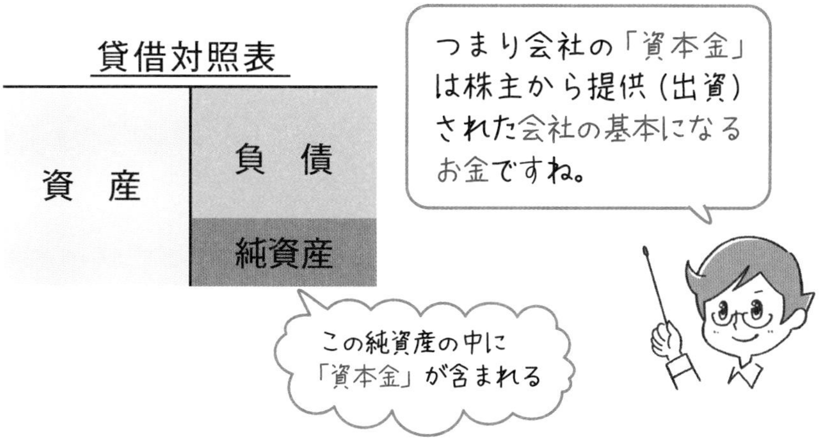

貸借対照表

資産	負債
	純資産

つまり会社の「資本金」
は株主から提供（出資）
された会社の基本になる
お金ですね。

この純資産の中に
「資本金」が含まれる

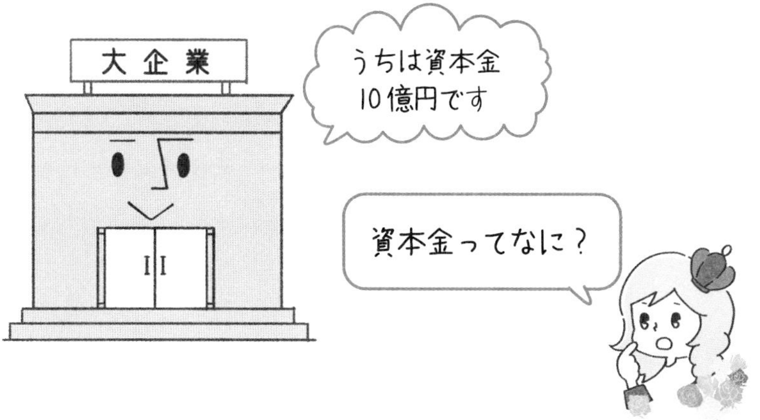

7章まとめ

貸借対照表という報告書は、会社の財産を決算日という特定の一日を基準にして「資産」「負債」、そして「純資産」として計上する一覧表です。

この貸借対照表に計上されている各項目も重要なのですが、学習上は、この貸借対照表の左側と右側に何が計上されているのかが非常に重要です。

何となく「左は財産だっけー？」ではなく、はっきりと自信を持って「左は資産、右が負債と純資産（資本金）」ということを頭の中に叩き込んでおくこと。

この左右の考え方が、簿記学習スタート時には大きなアドバンテージになることは間違いありません。

CHAPTER 8

会社利益の報告書

実際に商売をしている会社では、どのくらいの儲けが計上されているかを知ることは非常に重要です。
これは会社経営にあたり、儲けの大きさが経営の成功か失敗かを明確に示すからです。つまり儲けのたくさん出ている会社は良い会社、またそうでない会社はあまり良くない会社という評価をされるということです。
この章では、この儲けを計算する報告書について説明します。前章の第７章では財産の残高を、この第８章では儲けの金額の報告書の作成を理解してください。

1 「損益計算書」の作成

「損益計算書」はP/Lと覚える

会社は、会計期間である1年間でどのくらい儲かっているのかを明らかにするために**損益計算書**（Profit and Loss Statement ＝プロフィット&ロス・ステートメント、略称P/L）という報告書を作成します。「貸借対照表」と同様に会社財務の重要な報告書とされています。

貸借対照表	会社の財産が分かる一覧表
損益計算書	利益（儲け）や損失が分かる一覧表

「損益計算書」は、会計期間である1年間の“儲け”を計算して報告します。「貸借対照表」が決算日現在の「財産の残高はこれだけです」と示したのに対して、「損益計算書」は「儲けの金額を計算して結果」として示すというところに2つの報告書の大きな違いがあります。

またこの貸借対照表と損益計算書を一般的に財務諸表と呼びます。

貸借対照表
損益計算書 ＝ **財務諸表**

この「財務諸表」という用語も重要な会計用語ですから覚えておきましょう。

損益計算書で儲けを計算する

この損益計算書もT字型を基本パターンにして**左側**に**経費**、**右側**に**収益**を計上して作成されます。

自とは いつから
至とは いつまでを示します

表ではなく「書」

会社の名前

会計期間

損益計算書

自令和01年4月 1 日
至令和02年3月31日

ベルサイユ商事 (単位:円)

給料などの経費の合計 / 当期1年分の儲け	会社が商品を販売した売上などの収益合計

左側は2つ

右側は売上などの収益

アルファベットのTの文字

この表は 重要

Profit & Loss Statement

⇩

略して **P/L**

これも左側と右側に計上されるものを暗記するんだね。

2 「期間（きかん）」で計算

「最後の日」と「1年間」という考えの違い

「**損益計算書**」は会計期間という、通常の会社であれば4月1日から3月31日までの1年間を基準にして作成されます。

- **『貸借対照表』は 会計期間の末日である期末（決算日）を基準**
- **『損益計算書』は 会計期間という1年間の期間を基準**

これは損益計算書で計算しようという儲けのことを考えれば、その理由が分かるはずです。

というのは1年間の商品売上代金から1年分の給料などの経費を引けば期間総額としての儲けが分かるからです。

1年間まとめて処理したほうが合理的

そこで1年間まとめて、商品などの Ⓐ**売上代金の総額から、支払った給料などの経費の総額をマイナスして本当の儲けの計算をしたほうが合理的**です。

このように総額による儲けを計算しようという理由により、会計期間という1年間を基準にして「**損益計算書**」を作成しようということなのです。

「**貸借対照表**」は会計期間の末日である決算日①という「一定日」を基準に作成され、「**損益計算書**」は会計期間②という「一定期間」を基準にするという大前提がありますのでマスターしておくこと。

儲けの計算は会計期間が基準

会社の儲けは、個々の商品売買で把握（はあく）するのではありません。

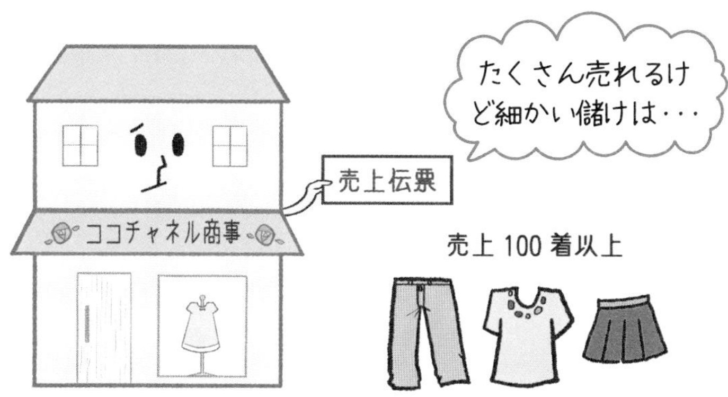

そこで1年間で、全部でいくら売れて、どれだけの経費を支払ったかという総額による差引計算で儲けを計算します。

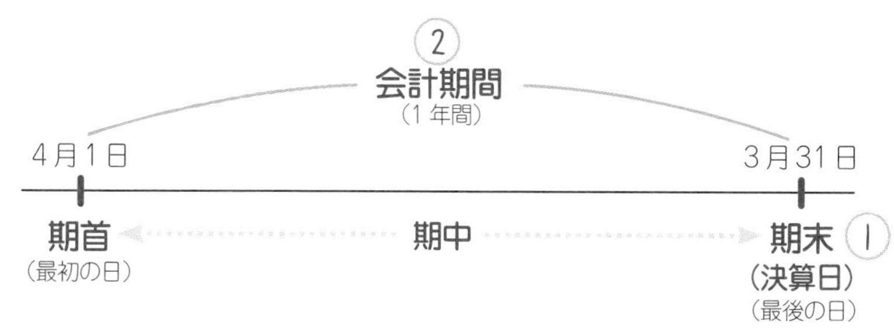

	1年分の売上		1年分の経費		1年分の儲け
Ⓐ	100万円	−	70万円	=	30万円

chapter8

3「収益」とは何か

「収入」と「収益」の違い

会社の儲けを計算するためには、たとえば、電機メーカーであれば1年間にテレビなどの電化製品がどれだけ売れたかということを把握しなければなりません。この電機メーカーの電化製品の販売高のことを「**売上**」と呼びます。簿記ではこの売上を「**収益**」と考えます。この売上や収益は簿記学習上の重要な会計用語です。

業種によっていろいろな売上（収益）がある

たとえばレストランならお客さんに食事を提供して、もらったお金が「**売上**」になり、ヘアーサロンであれば、カット代金をもらえば、これが「**売上**」になります。

また会社の中には本業の売上ではない収益も発生します。売上代金を普通預金に預けておけば、預金に利息がつきます。この銀行預金の利息も会社では受取利息という「**収益**」です。

会社に入ってくる収入でも、銀行からの借金や他の会社に貸したお金が返ってきてくるような収入は、単なる収入であり収益ではありません。

ここでは儲けの計算の基礎になる「収益」と借金などの入金による「収入」を明確に区別しておきましょう。

収益は儲けの素（もと）である!!

会社での儲けの素（もと）になる収益って
いったいなんなんだろう。

収益（しゅうえき）とは
（売上）

→ 商品が売れてお客さんからお金をもらうこと!!

たとえばブティックなら洋服を売ってお金をもらえば収益になる。

現金でもカードでもとにかく売れることが大事。

chapter8

4 費用とは何か

「経費」＝「費用」

儲けるためには元手が必要です。会社が何かを販売して儲けようというのであれば、まず販売のための品物を入手しなければなりません。またこの品物を販売するためには広告宣伝をしたり、品物を売りさばくためのセールスマンを雇わなければなりません。また販売した品物を梱包し、お客さんのところまで届けるための送料も発生します。これらすべては現金の支払いを伴います。

つまり**商売は、品物の販売による「収益」を獲得するために、多くの「経費」の支払いを伴います。**

簿記ではこの「経費」を「**費用**」と呼びます。一般的には「経費」という名称の方が普通かもしれませんが、簿記ではあえて「**費用**」という呼び方をします。

儲かっているのは「費用」より「収益」が多いから

「**収益**」と「**費用**」は、直接的な関係を持っています。なぜなら収益による収入から費用の支払いが行われているからです。両者は「**費用**」があるからこそ「**収益**」が生まれ、「**収益**」があるところには必ず「**費用**」が存在するという関係があることになります。

簿記の学習では「**収益**」と「**費用**」という相互関係は非常に重要です。

費用は儲けのための支出額

商売をして儲けるためには、ある程度の支出を覚悟しなければなりません。この支出額は、やがて売上である収益を生むことになります。

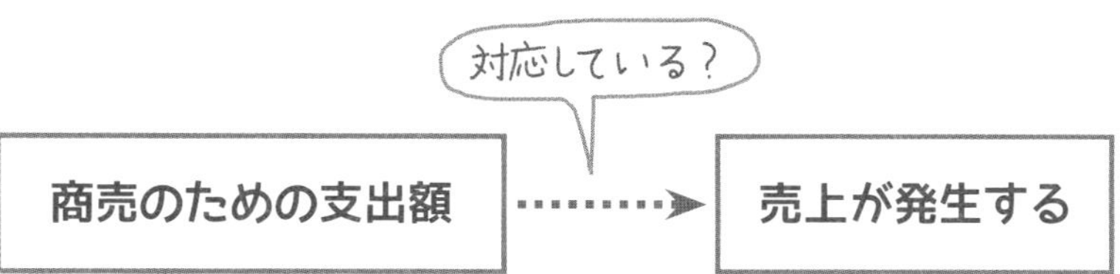

この売上を生むための支出額である費用には、いろいろなものがあります。

費用である支出額

1　販売用の商品等の購入額
2　従業員の給料
3　事務所の家賃
4　商品販売促進の広告代
5　水道光熱費
6　電話料金
7　銀行借入の利息支払額
8　自動車などのガソリン代

等々

5 利益(りえき)の計算

今後は「儲(もう)け」ではなく「利益」という

さて儲けの計算の最後に「**利益**」というものについて説明します。

たとえば100円で購入した品物を120円で販売すれば、販売した金額120円の「**収益**」があったことになります。

また販売した金額120円とこの品物の購入代金である100円との差額20円が「**儲け**」と考えることができます。

簿記では、品物の売上代金120円は儲けではなく「**収益**」として「**売上**」と定義しました。すると、儲けというのは、品物の販売代金120円からその品物の購入代金100円をマイナスした20円ということになります。

今後、簿記学習ではこの**品物を販売して純粋に儲かった金額20円のことを「利益」と呼びます**。簿記学習の過程の中では、儲けという言葉は使いません。必ず「**収益**」や「**利益**」という用語が使われるので整理して頭の中に入れておきましょう。

ということで、会社が損益計算をするときには、収益から費用をマイナスして利益を計算し、算式にすれば次のようになります。

収　益 － 費　用 ＝ **利(り)　益(えき)**

ここでは収益と収入が異なることはもちろん、収益と利益が異なるものだということを理解しておきましょう。

利益の計算方法とは

会社の利益は収益である売上から費用として支出した金額をマイナスして計算するんだ。

収　益

商品の売上代金

120 万円

費　用

諸経費支払額

100 万円

マイナス

↓

利　益

売買による儲け

20 万円

1年分の利益のことを当期純利益と呼びます

収　益		費　用		利　益
120 万円	−	100 万円	=	20 万円

簿記では最重要の計算式です。

8章 まとめ

会社が儲かっているかどうかは大変に重要なことです。会社の良し悪しは、この儲けである利益の大きさに関係しています。この儲けのことを、これからは簿記の専門用語である「利益」と呼んでください。

この利益をどのようにして計算するのかはマスターできましたか？
収益から費用をマイナスすることにより計算ができるということは簿記の基本中の基本です。

さらに損益計算書の左側には費用が、右側には収益が計上されることも、この後の簿記学習のための重要な知識になります。

簿記学習では、貸借対照表と損益計算書の左右に何が計上されているかが分かっているかどうかで、テキストに説明されている内容の理解に大きな差が出ます。もう一度２つの報告書の左右の計上項目の内容を確認してください。

CHAPTER 9

簿記の仕組み

この章では、簿記学習の基本を説明します。
第 6 章から簿記学習の開始前の基礎的事項を中心に説明をしてきました。したがってすでに皆さんは、簿記の基本は理解しているはずです。
本格的な簿記学習の前に、この章では簿記の記帳というものが、どのようにして行われるかを説明します。
これまでの各章の内容と本章を関連させながら各項目を理解してください。

chapter9

1 二面計算の複式簿記

複式簿記と呼ばれる理由

この章の説明は簿記のどんな参考書、また講義の中でも冒頭に説明されることです。そこで、ここでは簿記学習のセオリーにしたがい簿記の基礎事項を説明します。

そもそも簿記というのは、会社のお金や財産などがどのような理由でいくら増減したかを記録する方法でした。

この理由と金額を「二面的（複式）」に記録することから、これから皆さんが勉強する簿記のことを「複式簿記」と呼びます。

この会社の金銭収支を二面的つまり複式で考えるというのは、たとえば会社で従業員に給料20万円を現金で支払ったという取引があったときには、下記のようになります。

発想その①　会社では給料支払いにより現金20万円が減少した。

発想その②　会社では給料という費用が20万円発生した。

このように現金が減少したことと、給料という費用が発生したという2つのことを同じ場面の中でイメージしなければなりません。

簿記学習では、会社の取引をこのように二面的に考えることが基本です。

さらに学習上ではこれを左右に分解して考えなければなりません。このお話は次のセクションで説明します。

複式とは2つの発想をすること

会社で発生する取引は必ず二面的な考え方をすることができます。同時に簿記ではこれを必ず二面的（複式）に記録します。

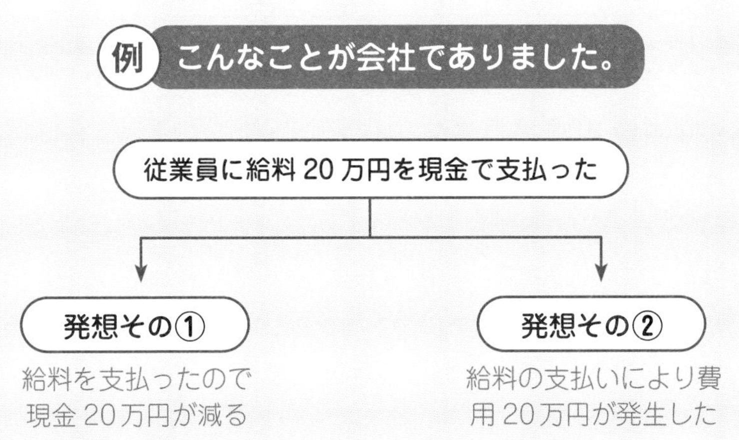

よく言われる「原因と結果」というような関係として考えてもいいでしょう。これに金額を関連させることになります。

取引ではどんなものでも、必ずこのように二面的な発想をして、分解して考えることが大事ですからね。

2 取引を「左右」に分解する

「二面的」に考える習慣をつける

これから勉強する複式簿記は、会社で発生する取引をすべて「**二面的**」に考えるというのが基本的な発想です。

たとえば自動車修理会社が、自動車の故障を直して現金10,000円を受け取ったとします。この取引では、修理会社は現金という資産が10,000円増加します。現金という資産の増加の原因は、お客さんから貰ったものであり、収益ということになります。

取引を「左右」に分解する

この取引はイメージとして頭の中で発想できますが、これを「**左右**」に分解して考えなければならないのが複式簿記の面倒なところです。簿記学習の入門者は、まずこの取引を「**二面的**」に発想し、「**左右**」に分解することをよく理解してください。

「資産」と「収益」の「左右」を考える

貸借対照表の説明をしたときに、資産は貸借対照表の左右いずれの側に計上されていたかを覚えていますか。**資産は貸借対照表の左側**に計上しました。つまり左側が正位置（ポジション）です。これに対して**収益は損益計算書の右側に計上されます**。

するとどうでしょう。現金の増加は資産が増えるのですから左側で考え、収益の発生は右側で考えることができます。つまり**貸借対照表と損益計算書の計上されている資産と収益の位置関係から取引を左右に分解できる**ということなのです。

取引を左右に分けてみる

取引を「**二面的**」に発想し、次の例を「**左右**」に分けて考えてみよう。

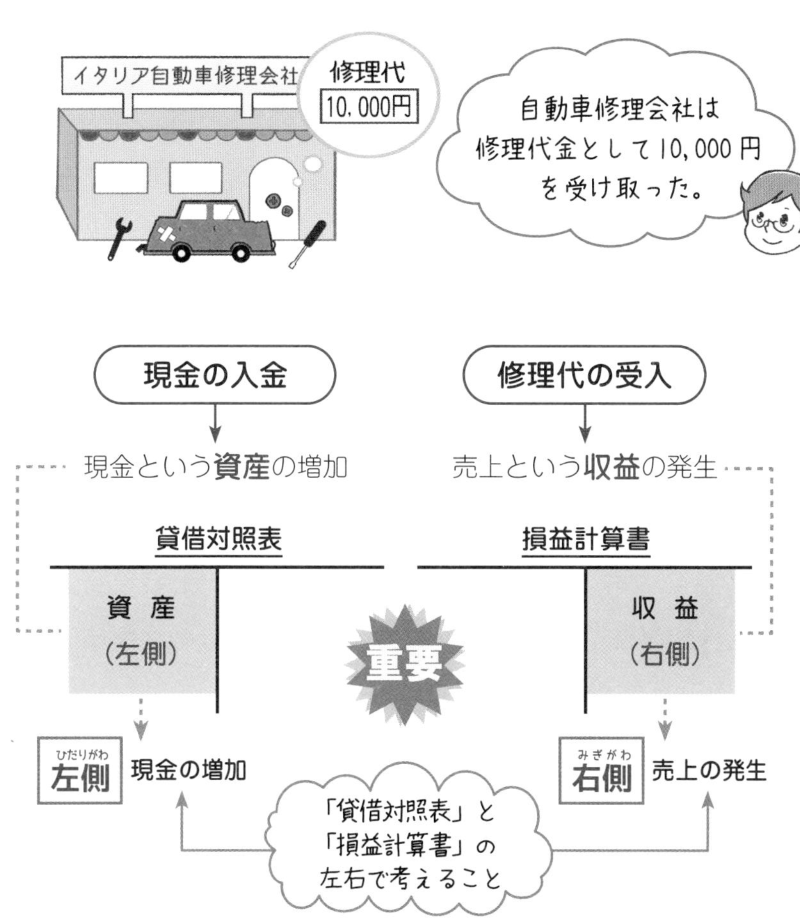

chapter9

3「仕訳（しわけ）」の方法

「貸借対照表」と「損益計算書」の「左右」を考える

会社で発生した取引は、どのようなものでも必ず二面的に考えて「左右」に分解することができます。どのようなテキストや講義でも、この取引の「左右」の分解の前に「貸借対照表」と「損益計算書」の説明が行われます。これは取引を「左右」に分解する勉強をする前の準備学習だからです。

「増加」と「減少」を「左右」で考える

「貸借対照表」の資産と負債のポジションは「左側」と「右側」です。また「損益計算書」の費用と収益のポジションも「左側」と「右側」です。取引の「左右」の分解は、この「左右」同じ側が増加することを意味します。

ところが減少するときは「左右」逆側に取引のポジションを考えます。たとえば現金という資産が増加したときは、現金のポジションは「左側」ですから「左側」で考えますが、逆に現金が減少したときは、「右側」で考えるということなのです。

「仕訳」ができなければ先に進まない

具体的な取引で考えてみましょう。会社が銀行から現金 10 万円を借りたとします。この取引は「貸借対照表」の「左側の資産」と「右側の負債」がそれぞれ増加する取引です。

さらに詳しく考えれば、現金という資産10万円の増加は「左側」で考えます。これに対して借入れは負債ですから「右側」で借入金10万円を考えます。

（左側）**現金10万円の増加**　（右側）**借入金10万円の増加**

このように取引を「左右」に分解することを簿記では仕訳と呼びます。

実際に仕訳をやってみよう

まず、2つのことをイメージする。

その1 ➡ **現金10万円が手に入る**

その2 ➡ **銀行から10万円の借金をした**

銀行で10万円借りたとしたら仕訳はどうなるの？

これを貸借対照表の左側と右側で考えてみるとどうでしょう。

貸借対照表

現　金	借入金
左側は資産＋	右側は負債＋

これが仕訳になる。

なるほど！

（左側）**現　金　100,000**　（右側）**借入金　100,000**

4「借方（かりかた）」と「貸方（かしかた）」

借方（かりかた）（左）・貸方（かしかた）（右）を覚えよう

簿記は会社の取引を左右に分解して記録します。この左右の分解には一定のルールがあります。この左右のルールであるプラス・マイナスを一覧表にしてみます。

内　訳	左　側（借方）	右　側（貸方）
資　産	＋	－
負　債	－	＋
純資産	－	＋
費　用	＋	（注）
収　益	（注）	＋

（注）費用や収益は減少することは基本的にありません。たとえばスマホ料金を支払えば通信費という費用が発生しますが、これが減少するということはないはずです。

さらに簿記では、この左右のことを次のように呼びます。

左側　**借方（かりかた）**　　右側　**貸方（かしかた）**

簿記では参考書でも講義でも、この「左右」をすべて「**借方**」、「**貸方**」として説明しています。したがってこの「借方」と「貸方」が、「左右」のどちらを示すかをきちんと理解しておかなければ、参考書などの内容が完全に理解できないことになってしまいます。

か「り」かた、か「し」かたを覚えよう

そこで「借方」と「貸方」はこんな風に覚えておくといいでしょう。「借方」の「り」という平仮名は左側に向いています。これに対して貸方の、「し」の文字は右側にはねています。したがって、「かりかた」は左側、「かしかた」は右側、というふうにイメージして頭の中に入れておくと覚えやすいでしょう。

借方(かりかた)と貸方(かしかた)は「り」と「し」がポイント

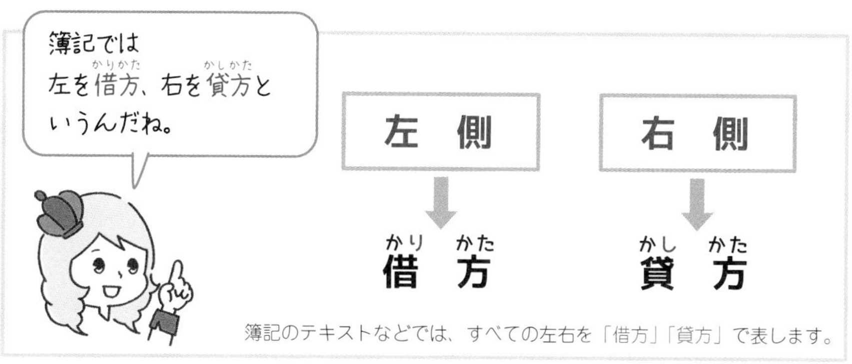

簿記のテキストなどでは、すべての左右を「借方」「貸方」で表します。

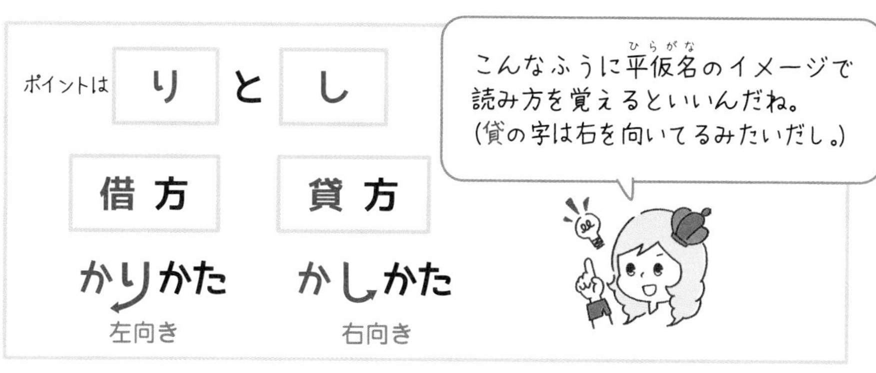

chapter9

5「仕訳」を行う場所

「仕訳」は「簿記」の基本

現在の簿記処理は100%コンピュータを使って行われています。しかしコンピュータが簿記の処理をするからといって簿記の知識は必要ないというわけではありません。むしろコンピュータがすべて処理してしまうことから、経理業界ではより専門的な簿記知識を持つ者を非常に重要視しているのも事実です。

簿記は会社の取引を「仕訳」することから始まります。この「仕訳」をコンピュータに入力する作業は、コンピュータがどんなに発達しても人間が行わなければならないものです。つまり「仕訳」だけは、必ず簿記の知識を必要とするということです。

「仕訳」のはじめの一歩は「勘定科目」を覚える

この「仕訳」を行う際に用いられる分類項目のタイトルを「勘定科目」と呼びます。**簿記の入門段階の勉強は、この「勘定科目」を正しく使っての「仕訳」の練習です。**

現在「仕訳」は、多くの企業で会計専用の伝票を用いて行われています。大企業では日々膨大な数の取引が発生します。これを各セクションで会計伝票に記入して、これをコンピュータに入力し、本社にあるホスト・コンピュータにデータとして蓄積しています。

つまり会社のすべての取引は、会計専用伝票に記入されることが基本であるということです。

しかし皆さんがこれから勉強する簿記では、「仕訳」は特別な帳簿を設(もう)けて行い、この「仕訳」を行う専用の帳簿を**「仕訳帳」**と呼びます。

ただ実際に仕訳をこの「仕訳帳」の上に記入するという勉強はほとんどしません。また日本商工会議所の簿記検定試験３級では、仕訳帳に実際に記入するような問題は出題されることはありませんが、簿記の基本として学習することが必要ですし、会社経理では今だに実際に行なっている作業です。

仕訳帳の記入

取引 8月7日　スマートフォン料金（7月分）5,000円を現金で支払った。

テキスト等の仕訳と正式な仕訳帳での仕訳を比べてみましょう。

学習上の仕訳

スマホ料金はこの勘定科目

（借方）通信費　5,000　　（貸方）現　金　5,000

費用の増加は損益計算書の左側が増えること

現金のマイナスは右側で記録する

仕訳帳での仕訳

正式な記録方法

仕　訳　帳

日付		摘　要	元丁	借　方	貸　方
8	7	(通信費)	16	5,000	
		(現　金)	9		5,000
		7月分スマホ料支払			

chapter9

6 「会計帳簿」への記入

「勘定口座」とは？

会社で行われる仕訳は、実は「会計帳簿」に本格的に記帳するための準備作業です。たとえば会社の現金は日々増減します。簿記ではこの現金の増減を毎日正確に記録しなければなりません。このためには現金の増減に関するページを「会計帳簿」の中に設けて、そこに現金の増減を記録することになります。しかし、会社の中で発生する数多くの現金の増減取引を、「会計帳簿」の中の現金のページに記録することは、大きな会社になればなるほど困難です。そこで、これをまず仕訳という形に残して、この仕訳を「会計帳簿」の現金のページに順次記録するということになります。

この会計帳簿の中の現金の増減を記入するページを、簿記では「勘定口座」と呼びます。

「仕訳」の目的は「転記」のための準備

この仕訳を「勘定口座」に記入する作業を、簿記では「**転記**」と呼びます。基本的に簿記は、取引を仕訳してこれを「勘定口座」に「転記」するという作業を繰り返すことになります。

また、勘定口座は勘定科目ごとに分けて作成され、これらの勘定口座をまとめて「**総勘定元帳**」と呼びます。

これまで皆さんは「帳簿」という言葉を耳にしたことがあると思います。あまり良い例ではありませんが、裏帳簿などという言葉もあり、これは「総勘定元帳」の偽物が存在するということです。

勘定口座への転記

会社で発生する取引は仕訳を通じて総勘定元帳の中の各勘定口座へ転記されることになります。

仕　訳　帳　　4頁

日付		摘　要	元丁	借　方	貸　方
8	7	(通信費)	16	5,000	
		(現　金)	9		5,000
		7月分スマホ料支払			

取引ごとに境界線を引く

下記の勘定口座のページ数を示す

転記

※元丁・仕丁には転記先のページを書く
※丁は帳の略

この勘定口座を1冊にしたものを総勘定元帳という

各ページが勘定口座

仕訳帳のページ数を示す

現　金　　9頁

日付		摘　要	仕丁	金　額	日付		摘　要	仕丁	金　額
					8	7	通信費	4	5,000

タイトル名称が勘定科目

通　信　費　　16頁

日付		摘　要	仕丁	金　額	日付		摘　要	仕丁	金　額
8	7	現　金	4	5,000					

7「試算表(しさんひょう)」の作成

「試算表」とは何か？

会社の取引は、複式簿記のルールにしたがって仕訳されて、これが総勘定元帳の勘定口座に転記されます。この仕訳や勘定口座への転記が人間の手で行われる限り、ミスが生じることが考えられます。このミスはコンピュータで処理していても発生する可能性があります。

簿記ではこの**転記ミスなどを発見するために「試算表」と呼ばれる一覧表を作成します。**

この「試算表」は、必要に応じていつでも作成することができます。会社経理では1ヵ月に一度、また四半期（3ヵ月）ごとに作成されます。ただ簿記の学習では、会計期間の最後、期末である決算日に作成して、決算の事前資料とすることが一般的です。

日本商工会議所の**簿記検定試験3級では、この「試算表」の作成についての問題が必ず出題されます。**簿記の学習者の中には、この「試算表」は受験のための一覧表だという解釈をしている方もいます。しかし、この「試算表」の本来の作成目的は、人為的な転記ミスを確認するためのものだということを理解しておきましょう。

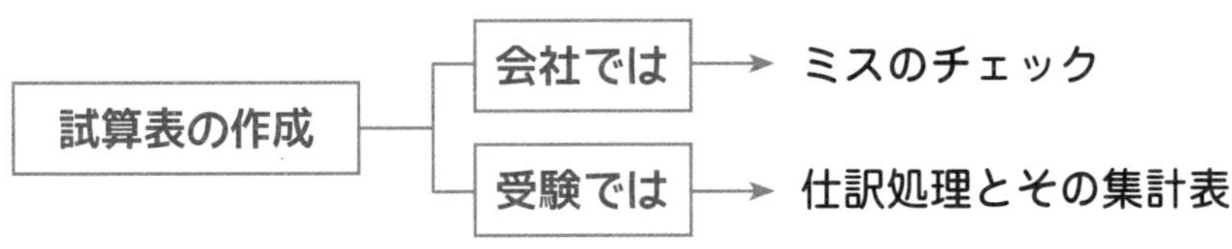

帳簿のミスは試算表でチェック

これがメインの帳簿

転記が完了したら、各勘定口座の残高を一覧表にまとめて転記ミスがないかチェックしてください。

残高試算表

借　方	勘定科目	貸　方
50,000	現　　金	
40,000	銀行預金	
	借 入 金	20,000
	資 本 金	50,000
	売　　上	30,000
10,000	給　　料	
100,000	計	100,000

一致

ミスがなければ
借方、貸方は
一致するんだね。

8 「決算(けっさん)」での作業

「決算」とは「財務諸表」を作成すること

簿記では日々の取引を仕訳して、これを総勘定元帳の関係する勘定口座に転記することを繰り返します。これが基本的に、1年間365日継続して行われます。この日々記録された取引は、総勘定元帳を基礎に**「決算」**と呼ばれる作業を通じて、最終的に財務諸表である**「貸借対照表」**や**「損益計算書」**になります。

実際の企業では、その発生する取引の数は膨大(ぼうだい)です。今日発生した取引が、その日に仕訳されて、直ちに勘定口座に転記されるというわけではありません。

また、この日々の仕訳や転記を基礎にして行われる決算にいたっては、さらに手間がかかる仕事です。このために、本来決算は決算日に行われるべきなのですが、実際は決算日を過ぎて、次の会計期間になってからかなりの時間をかけて行われるのが現実なのです。

日商簿記3級の学習範囲

簿記の学習では、期中の仕訳や勘定口座への転記、また試算表の作成などのほかに、この決算の作業に関する内容についても勉強します。入門段階の**3級受験のための学習のウエイトは、期中の仕訳などの学習が60%程度、決算の内容が40%程度**ではないでしょうか。

いずれにしても決算の学習も重要であると考えてください。

決算で行うこと

簿記は毎日同じことをやるんだよね。

日々行われる作業

取　引  仕　訳  総勘定元帳

それで決算では何をやるのですか？

商品在庫の把握

帳簿の締切 等々

決　算

2つあわせて「財務諸表」と呼びます

貸借対照表

B/S

損益計算書

P/L

決算は2つの報告書を作成するのが最終目的です。

9章 まとめ

最後のこの章は、今後学習することになる簿記の内容にかなり近いことを説明しました。

皆さんは、この第９章の前に簿記学習のための基礎知識をいろいろ勉強してきました。しかしどうでしょう、簿記を何も知らないという人がこの第９章を読んだとしたら、その内容は簡単に理解できるでしょうか。おそらく多くの場合、その内容は極めて難解であったと思います。ところが、これが一般的な簿記の参考書や専門スクールの冒頭の内容なのです。ただ皆さんは、簿記に関する多くの内容をすでに読んでいますから、それほど難解とは感じなかったはずです。

この章が理解できれば、いよいよ皆さんは本格的な簿記の勉強を始めることができます。もう不安を感じることなく簿記の勉強ができるはずですから、安心して学習の第１歩を踏み出してください。

日本商工会議所主催 「簿記初級試験」受験案内

今日、簿記の基本知識は企業活動や経営を理解するため、経理・会計担当者のみならず業種を問わず社会人すべてに必要とされています。このため、企業からは短期間でこれを習得するための目標となる資格と学習支援の仕組みが求められています。また、教育機関からは簿記初学者が簿記の基本をしっかりと理解し円滑に学習を継続できるよう、きめ細かな指導を図りたいとのニーズが寄せられていました。

こうしたことから、3級の前段階として簿記の入門級として、新たに「簿記初級試験」が2017年4月に新設されました。

「初級」は、簿記の基本原理および企業の日常業務における実践的な簿記知識の習得に資する内容となっていますので、本書を読み終えたら簿記試験への最初の力試しとして挑戦してみるのもいいでしょう。

CBT試験について

CBT試験とは全国の「テストセンター」で実施されるパソコンを使ったネットテスト方式のことです。受験者個別の多肢選択制で、3級と2級には入力記述の問題もあります。電卓と鉛筆の持ち込みは可能となっていて、計算用紙2枚が支給されますが、持ち帰りはできません。合否は終了後すぐに判定され、当日違う試験を受けることも可能ですが、落ちた場合は次の受験まで4日程度の期間が必要となります。

申し込み等については日本商工会議所のホームページをご確認ください。

初級試験概要

程度・能力	簿記の基本用語や複式簿記の仕組みを理解し、業務に利活用することができる。
受験資格	制限なし
合格基準	100点満点で70点以上を合格とする。
試験時間	40分
試験方式	ネット試験方式(CBT方式)。
試験会場	商工会議所HPトップ ＞ 商工会議所ネット試験施行機関　参照
試験日	試験実施機関が日時を決定
受験料	2,200円(10%税込)

(日本商工会議所ＨＰより)

簿記初級試験 参考問題

第1問 ー30点ー

次の各問の空欄にあてはまる答えとして、最も適当なものを選択肢から選び番号で答えなさい。（注）実際のCBT試験では該当項目をプルダウンで選択します。

(1) 企業の運営資金の元本となるものは簿記では（　）と呼ばれている。

1. 財　産　　2. 資　産　　3. 負　債　　4. 資本金

(2) 会社の利益を計上する要素になっているのは（　）の発生である。

1. 資　産　　2. 負　債　　3. 費　用　　4. 収　益

(3) 会計期間における経営成績を示す財務諸表を（　）という。

1. 貸借対照表　　2. 損益計算表　　3. 貸借対照書　　4. 損益計算書

(4) 会計帳簿の総勘定元帳は（　）に分類される。

1. 補助元帳　　2. 主 要 簿　　3. 補 助 簿　　4. 補助記入帳

(5) 借入金の返済は簿記上の（　）に該当する取引になる。

1. 負債の減少　　2. 資産の増加　　3. 負債の増加　　4. 費用の発生

(6) 下記の取引で簿記として記録できるものは（　）だけである。

1. 事務所賃貸契約　　2. 従業員新規採用　　3. 倉庫火災　　4. 社会保険加入

(7) 商品を仕入れ代金は後日払いとした取引は会計伝票の（　）に記入される。

1. 仕入伝票　　2. 出金伝票　　3. 入金伝票　　4. 振替伝票

(8) 簿記において取引を最初に帳簿に記録する手続を（　）という。

1. 入　力　　2. 記　帳　　3. 仕　訳　　4. 転　記

(9) 取引要素の関係において、資産の減少に対して（　）が結びつく取引はない。

1. 収益の発生　　2. 費用の発生　　3. 資本金の減少　　4. 負債の減少

(10) 貸借対照表の資産の金額と負債及び純資産の合計額は一致するがこれを（　）の原則という。

1. 損益計算　　2. 貸借平均　　3. 純資産一致　　4. 貸借一致

第2問 ー40点ー

下記の取引の仕訳を示しなさい。ただし、勘定科目は選択肢の中から、最も適当なものを使用し、商品売買の記帳は三分（割）法によること。なお、特段の指示がある場合を除いて、消費税を考慮しなくてよい。

（注）実際のＣＢＴ試験では該当項目をクリックして選択し金額はテンキーで個々に入力します。

(1) 山形商事に商品20,000円を販売し、代金は翌月末の回収とした。

選択肢：現　金、受取手形、売掛金、売　上、商品販売益、売上金

勘定科目	金　　額	勘定科目	金　　額

(2) 岐阜物産に対する先月分の買掛金10,000円を当社の普通預金口座から振り込んだ。

選択肢：当座預金、普通預金、売掛金、仕入、買掛金、支払手形

勘定科目	金　　額	勘定科目	金　　額

(3) 室町文具店で事務用文具類2,000円を購入して現金を支払った。

選択肢：現金、当座預金、事務商品、消耗品費、福利厚生費、雑費

勘定科目	金　　額	勘定科目	金　　額

(4) 中野銀行からの借入金20,000円の返済と利息500円の支払として同額の小切手を振出した。

選択肢：現金、当座預金、貸付金、受取利息、支払利息、借入金

勘定科目	金　　額	勘定科目	金　　額

(5) 運転資金不足のために店主が現金50,000円を追加元入れした。

選択肢：現金、元入金、追加金、資本金、純資産、剰余金

勘定科目	金　額	勘定科目	金　額

(6) 香川物産へ振出した約束手形60,000円の支払期日となり当座預金口座から同額の引落があった。

選択肢：普通預金、当座預金、期日手形、受取手形、支払手形、約束手形

勘定科目	金　額	勘定科目	金　額

(7) 佐賀商事から取引先を仲介した報酬として現金10,000円を受け取った。

選択肢：現金、手数料、支払手数料、雑費、報酬、受取手数料

勘定科目	金　額	勘定科目	金　額

(8) 山形工業に現金50,000円を貸付けることにし、利息1,000円を控除した金額の小切手を振出した。

選択肢：現金、当座預金、借入金、貸付金、支払利息、受取利息

勘定科目	金　額	勘定科目	金　額

(9) 事務用のデスクトップ型コンピュータ70,000円を購入して代金は後日払いとした。

選択肢：備品、機械、売掛金、未収金、買掛金、未払金、

勘定科目	金　額	勘定科目	金　額

(10) 山形物産に売上げた商品100,000円の内5,000円が品質不良のため返品され、掛代金と相殺することにした

選択肢：当座預金、売掛金、買掛金、仕入、売上、返品、

勘定科目	金　額	勘定科目	金　額

第3問 ー30点ー

長野商店は（決算年1回、12月31日）の令和○年2月中の取引にもとづいて、下記のとおり同月末における月次合計残高試算表を作成している。この表をもとに下記の問いに答えなさい。なお、長野商店は商品 売買をすべて掛けにておこない、仕入れおよび売上げでの返品は生じていない。

（注）実際のＣＢＴ試験ではし金額はテンキーで個々に入力します。

問1　下記（次ページ）の合計残高試算表の残高欄の記入を行いなさい。

月次合計残高試算表

令和○年2月28日現在　　　　　　　　(単位：円)

借方残高	借方合計	勘定科目	貸方合計	貸方残高
	124,000	現　　　金	53,000	
	253,000	当 座 預 金	191,000	
	86,000	受 取 手 形	41,000	
	125,000	売　掛　金	69,000	
	21,000	繰 越 商 品		
	320,000	備　　　品		
		減価償却累計額	75,000	
	73,000	買　掛　金	189,000	
	12,000	借　入　金	82,000	
		資　本　金	300,000	
		売　　　上	180,000	
		受取手数料	5,000	
	104,000	仕　　　入		
	38,000	給　　　料		
	13,000	広告宣伝費		
	10,000	支 払 家 賃		
	5,000	旅費交通費		
	1,000	支 払 利 息		
	1,185,000		1,185,000	

問2　下記の金額をそれぞれ解答欄に記入しなさい。

(1) 受取手形の期日回収額　(　　　　　　)円

(2) 2月末の資産合計額　(　　　　　　)円

(3) 資産と負債及び純資産の差額 (　　　　　　)円

(4) 費用の合計額　(　　　　　　)円

(5) 当月の純利益の金額　(　　　　　　)円

☑解 答

第1問

(1) 4：資本金　(2) 4：収　益　(3) 4：損益計算書
(4) 2：主要簿　(5) 1：負債の減少　(6) 3：倉庫火災
(7) 4：振替伝票　(8) 3：仕　訳　(9) 1：収益の発生
(10) 4：貸借一致

第2問

(1)	(売　掛　金)	20,000	(売　　　上)	20,000
(2)	(買　掛　金)	10,000	(普 通 預 金)	10,000
(3)	(消 耗 品 費)	2,000	(現　　　金)	2,000
(4)	(借　入　金)	20,000	(当 座 預 金)	20,500
	(支 払 利 息)	500		
(5)	(現　　　金)	50,000	(資　本　金)	50,000
(6)	(支 払 手 形)	60,000	(当 座 預 金)	60,000
(7)	(現　　　金)	10,000	(受取手数料)	10,000
(8)	(貸　付　金)	50,000	(当 座 預 金)	49,000
			(受 取 利 息)	1,000
(9)	(備　　　品)	70,000	(未　払　金)	70,000
(10)	(売　　　上)	5,000	(売　掛　金)	5,000

第3問 問1

月次合計残高試算表

令和○年2月28日現在　　(単位：円)

借方残高	借方合計	勘定科目	貸方合計	貸方残高
71,000	124,000	現　　　金	53,000	
62,000	253,000	当 座 預 金	191,000	
45,000	86,000	受 取 手 形	41,000	
56,000	125,000	売　掛　金	69,000	
21,000	21,000	繰 越 商 品		

320,000	320,000	備品		
		減価償却累計額	75,000	75,000
	73,000	買掛金	189,000	116,000
	12,000	借入金	82,000	70,000
		資本金	300,000	300,000
		売上	180,000	180,000
		受取手数料	5,000	5,000
104,000	104,000	仕入		
38,000	38,000	給料		
13,000	13,000	広告宣伝費		
10,000	10,000	支払家賃		
5,000	5,000	旅費交通費		
1,000	1,000	支払利息		
746,000	1,185,000		1,185,000	746,000

第3問 問2

(1) 受取手形の期日回収額　（　41,000）円…受取手形欄貸方

(2) 2月末の資産合計額　（　575,000）円

71,000円＋62,000円＋45,000円＋56,000円＋21,000円＋320,000円
＝575,000円

(3) 資産と負債及び純資産の差額（　14,000）円

（71,000円＋62,000円＋45,000円＋56,000円＋21,000円＋320,000円）
－（75,000円＋116,000円＋70,000円＋300,000円）＝14,000円

(4) 費用の合計額（　171,000）円

104,000円＋38,000円＋13,000円＋10,000円＋5,000円＋1,000円
＝171,000円

(5) 当月末現在の純利益の金額（　14,000）円

（180,000円＋5,000円）－（104,000円＋38,000円＋13,000円
＋10,000円＋5,000円＋1,000円）＝14,000円

特別ふろく 電卓操作基本のキ

一般的な電卓の各部の名称

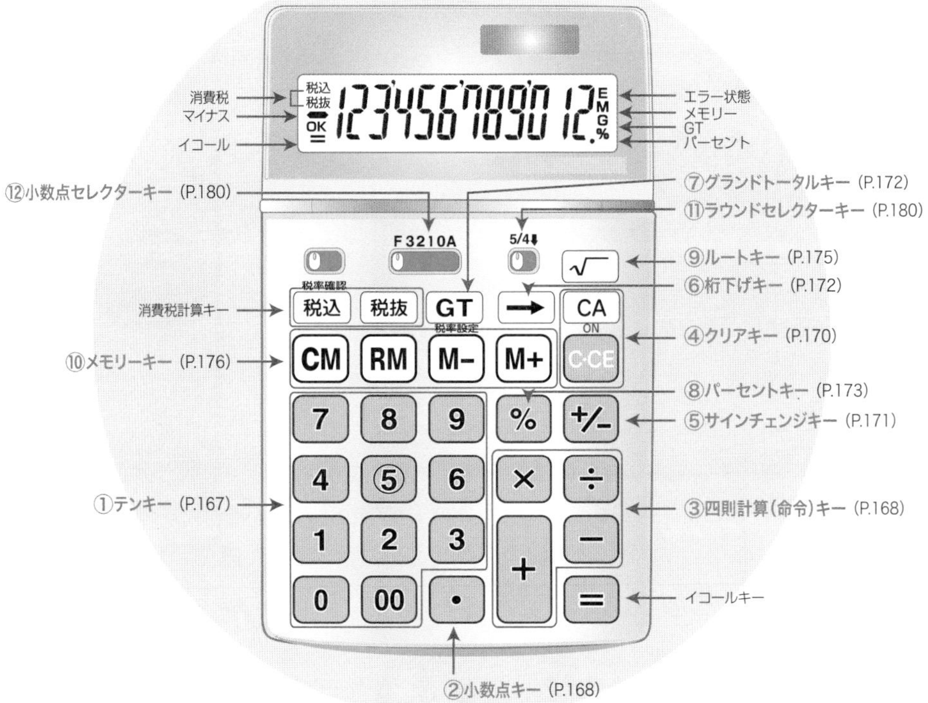

消費税
マイナス
イコール
エラー状態
メモリー
GT
パーセント
⑫小数点セレクターキー（P.180）
⑦グランドトータルキー（P.172）
⑪ラウンドセレクターキー（P.180）
⑨ルートキー（P.175）
⑥桁下げキー（P.172）
消費税計算キー
④クリアキー（P.170）
⑩メモリーキー（P.176）
⑧パーセントキー（P.173）
⑤サインチェンジキー（P.171）
①テンキー（P.167）
③四則計算（命令）キー（P.168）
イコールキー
②小数点キー（P.168）

ご注意

一般に流通している電卓の種類は多種多様にあります。
本書では、代表的なメーカーであるカシオ（本文中ではC社）とシャープ（本文中ではS社）の2種類に絞って解説しています。

電卓で何ができるか

1) 電卓キーの基本的機能

1 テンキー（1～0、00）

電卓には、数字の１～０までの数字のキーが配列されています。この数字キーは、ちょうど10個（ten）あるのでテンキーと呼ばれています。このキーボードの配列は下記に示されている通り左下から、123となっており1から9の９つのキーの下に0、00のキーがあります。

● 真ん中の隆起は何のため？

このテンキーの5をよく見ると他のキーとは異なりキーの中央が突起しているのが分かります。

これは、キーの中心を示すものでブラインドタッチをするような時には、これを用いてキー操作します。

7	8	9
4	⑤	6
1	2	3
0	00	・

② 小数点キー（・）

［・］キーは小数点の位置を示します。電卓では小数点を示す時の**ゼロは省略**されます。

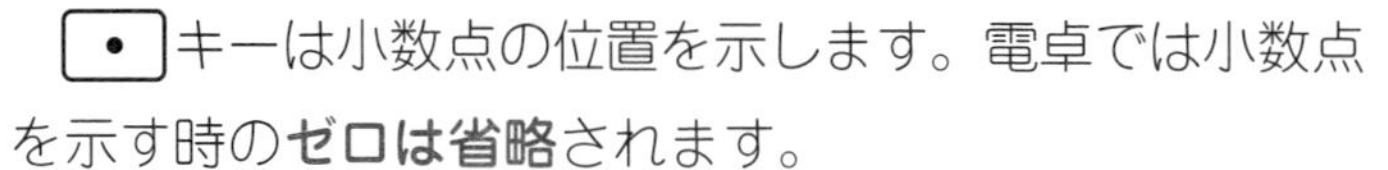

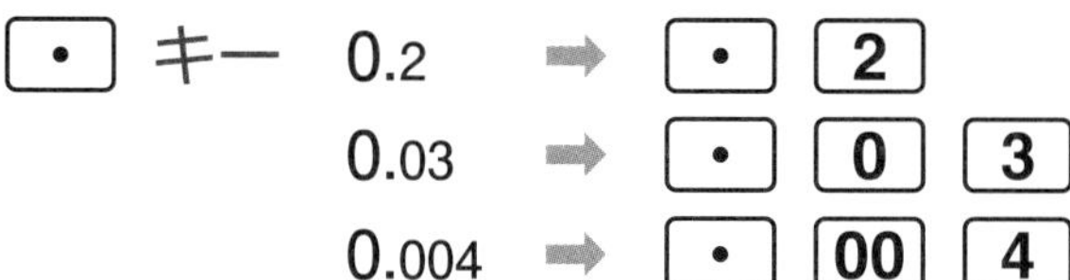

［・］キー	0.2	➡	［・］［2］
	0.03	➡	［・］［0］［3］
	0.004	➡	［・］［00］［4］

③ 命令キー（＋ − × ÷ ＝）

命令キーとは、［＋］［−］［×］［÷］のキーをいいます。これらはそれぞれ加算、減算、乗算、除算の意味を持っています。また、［＝］のキーは合計の答えを算出する時に使用します。命令キーは、最後に押したキーの命令を実行することになっています。ちなみに下記のキー操作をやってみてください。

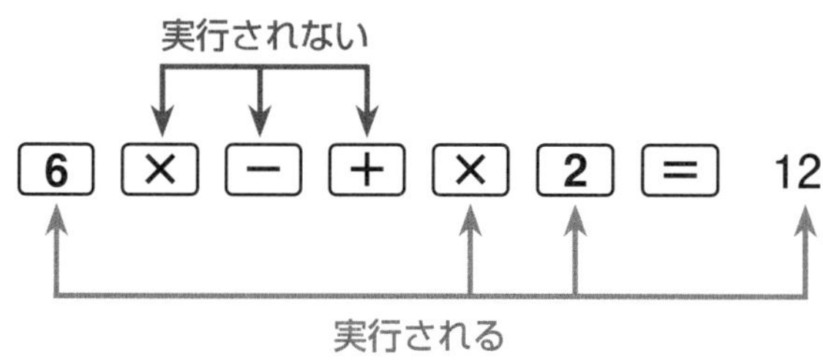

● 例　　題 ●

(1)	(2)	(3)
256	725	325
+ 328	− 172	− 139
+ 525	− 256	+ 218
?	?	?

操　作　例

(1)	256	＋	328	＋	525	＝	1,109
(2)	725	－	172	－	256	＝	297
(3)	325	－	139	＋	218	＝	404

計算の最後は ＝ （イコール）キーで、解答を出すように習慣づけてください。 ＋ － キーで解答を出したままにしておくと次の計算に加減されてしまうことになるので注意してください。

また、計算の最初か最後に AC （オールクリア）、C （クリア）キーを押して電卓の中をゼロの状態にしてから、改めて新しい計算をするような習慣も身につけておきましょう。

例　　題

(1)　$745 \times 18 \times 425 =$

(2)　$1,260 \div 45 \div 7 =$

(3)　$325 \times 120 \div 6 =$

操　作　例

(1)	745	×	18	×	425	＝	5,699,250
(2)	1,260	÷	45	÷	7	＝	4
(3)	325	×	120	÷	6	＝	6,500

4 クリアキー（AC CA、C CE）

クリアキーには２種類があります。一方は AC CA と呼ばれるオールクリアキーです。このキーは電卓の中を「無」の状態にするキーです。計算を新たに始める時に押してから電卓を使用してください。

後述するメモリ機能が使用されている時には、メモリーに入力されている数値は、MC CM のキーを押すことにより消去されます。

また C CE というクリアキーがあります。これは、最後に入力した数値だけを訂正（消去）する時に使います。このキーを上手に使うことにより、計算を最初からやり直すのではなく、誤った部分だけを訂正して計算を継続することができます。

例　題

⑴ 125 ＋ 256 ＋ 329 の計算で、256 を 265 と入力した場合に C または CE キーを使って正解を求めなさい。

⑵ 35 × 28 × 42 × 19 の計算で、42 を 43 と入力した場合に C または CE キーを使って正解を求めなさい。

操　作　例

⑴ 125	＋	265	C	または CE
		256	＋	
		329	＝	710
⑵ 35	×	28	×	
		43	C	または CE
		42	×	
		19	＝	782,040

5 サインチェンジキー（+/-）

計算途中で数値がマイナスになる連続した計算をする際に、このサインチェンジキーは便利です。入力した数値や計算の結果で、マイナスの数値が出たものをプラスの数値に変えたい場合（逆にプラスの数値をマイナスの数値に変えたい場合）に使用します。

35 [−] 49 [=] −14 [+/-] ➡ 14

この [+/-] キーが上手に使用できれば、減算式では、大きな数値から小さな数値をマイナスしなくても上記のように計算の結果をあとから修正することができます。

● 例　題 ●

(1)　$10 - \frac{2 \times 5}{4} =$

(2)　$40 - 15 \div 3 \times 2 =$

操　作　例

(1)　2 [×] 5 [÷] 4 [−] 10 [=] −7.5
[+/-] 7.5

(2)　15 [÷] 3 [×] 2 [−] 40 [=] −30
[+/-] 30

6 桁下げキー（▷ →）

計算した結果の数値、入力した数値で表示されている数値を１の位から順次消去して行きます。桁数の大きい数値の入力ミスをしたような時にその訂正として使用すると大変便利です。

2,876,295	▷、→	287,629
	▷、→	28,762
	▷、→	2,876
	▷、→	287
	⋮　⋮	⋮

● 例　題 ●

124,867 ＋ 427,267 を 427,276 と誤って入力した場合

操　作　例

124,867 ＋ 427,276 ▷、→ 67 ＝ 552,134

7 グランドトータルキー（GT）

複数の計算結果を合計する機能を持ったキーです。

イコールキーを押した後に表示される計算結果が自動的に加算されていきます。この時に、表示窓には G、GT という表示がされます。また、一部の電卓では、GT 機能のために特別なスイッチを入れなければならない機種もあります。自分の電卓はどちらのタイプか慣れておきましょう。

● 例　　題 ●

(1)　4 × 15 =
　　3 × 7 =
　　18 × 9 =
　　7 × 4 =＿＿＿＿
　　　　　　計

(2)　18 ＋ 2 =
　　24 ÷ 8 =
　　35 − 9 =
　　4 × 9 =＿＿＿＿
　　　　　　計

操　作　例

(1)　4 [×] 15 [=]、続けて 3 [×] 7 [=]
　　続けて 18 [×] 9 [=]
　　続けて 7 [×] 4 [=] [GT] 271

(2)　18 [+] 2 [=]、続けて 24 [÷] 8 [=]
　　続けて 35 [−] 9 [=]
　　続けて 4 [×] 9 [=] [GT] 85

S社の電卓は、[GT] のキーを2回続けて押せば、表示窓のG表示は消えてグランドトータルメモリーの内容がクリアされます。

8 パーセントキー（ [%] ）

パーセントキーは、割合計算、割引割増計算、構成比率等の百分率計算のときに計算命令キーと合わせて使います。

ある数値の特定の割合を求める時　[×] ➡ [%]
ある数値が特定の数値の何割か求める時　[÷] ➡ [%]

例　題

（1）8,000 の 20%は？

（2）7,000 の 30%増は？

（3）4,000 の 25%引きは？

（4）100 は 5,000 の何%か？

（5）10,000 は 8,000 の何%アップか？

操　作　例

（1）割合を求めるケース

8,000 [×] 20 [%] 1,600

（2）割増を求めるケース

7,000 [×] 30 [%] [+] （[=]） 9,100

（3）割引を求めるケース

4,000 [×] 25 [%] [−] （[=]） 3,000

（4）比率を求めるケース

100 [÷] 5,000 [%] 2

（5）増比率を求めるケース

10,000 [÷] 8,000 [%] [−] 100 [=] 25

電卓のメーカーにより操作の方法が、若干異なります。C 社の電卓は [%] の後で [=] を押す必要はありません。

S 社の電卓は [%] の後で [=] を押して、計算結果を求めるので注意しましょう。

9 ルートキー（√）

平方根の計算をする際に使用するキーです。このキーで難解な開平計算（平方根）も簡単に求めることができます。このキーは主に理数関係の仕事などに従事している人が使うので一般の人にはあまりなじみのないキーです。なお、この [√] は計算する最後に押して使用します。

$\sqrt{3}$ ➡ 3 [√] 1.73205080…

● 例　題 ●

(1) $\sqrt{5}$ =
(2) $\sqrt{4 \times 3}$ =
(3) $\sqrt{30^2}$ =

操　作　例

(1) 5 [√] 2.2360679…
(2) 4 [×] 3 [=] [√] 3.4641016…
(3) 30 [×] [=] [√] 30

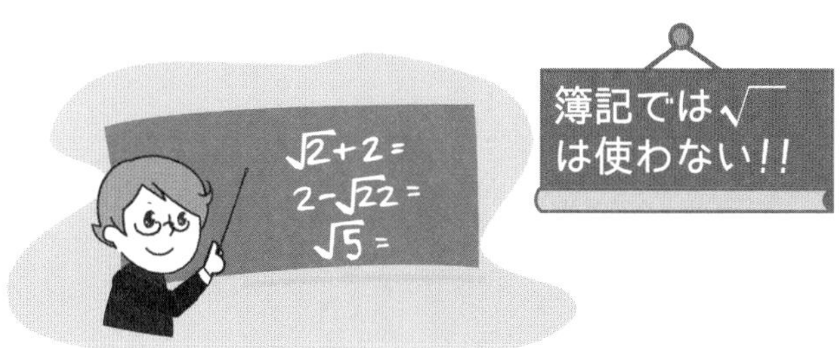

⑩ メモリーキー（M+ M- RM CM）

電卓の機能の中で一番便利なのがこのメモリーキーです。このキーを上手に使いこなせれば、簿記の計算でもメモなどを取らずに電卓だけで解答を求めることができます。

このメモリーキーは、M+、M-、RMまたはCR、CMまたはMCの４組から構成されており四則、ルート、累乗、定数計算の機能とは独立しています。独立しているために、２つの異なる複合算に便利です。

M+（メモリープラス）

表示されている数値を独立したメモリーに加えたい時に使用します。このキーを押す表示窓には「M」の記号が表示されます。計算命令キーの後に押すと、まず求める答えが出て、その答えが独立してメモリーに記憶されます。

M-（メモリーマイナス）

表示されている数値を独立メモリーからマイナスしたい時に使用します。このキーも押すと表示窓に「M」の記号が現れます。

MR、RM（メモリーリターン）

独立メモリー内に記憶されている数値の合計を表示する時に使用します。「M」の表示がでている時は記憶したものが保存されています。

MC、CM（メモリークリア）

独立メモリー内に記憶されている数値を消去したい時に使用し、このキーを押すと独立メモリー内のものだけが消去されます。メモリー内の記憶は MC 、CM のキーを押すことによってのみ消去することができます。連続計算の際にこのキーでメモリーを消去しながら答えを求める時などに使用します。

● 例　題 ●

(1) $(370+410) - (274 - 241) =$

(2) $(284 \div 4) + (324 \times 15) =$

(3) $\dfrac{32 \times 8}{4} + \dfrac{18 \times 32}{16} =$

(4) $\dfrac{750+895}{9-(124 \div 62)} =$

操　作　例

(1)			370	+	410	M+	……左側のカッコ
			274	−	241	M-	……右側のカッコ
						MR	747
(2)			284	÷	4	M+	
			324	×	15	M+	
						MR	4,931
(3)	32	×	8	÷	4	M+	……左側の分数式
	18	×	32	÷	16	M+	……右側の分数式
						MR	100
(4)	9	M+	124	÷	62	M-	……分母の計算
			750	+	895	÷	……分子の計算
					MR	=	235

簿記や原価計算では次の計算で便利!!

簿記の学習では、次のような計算をよく行います。この計算の特徴は分母の計算が複雑で分子より先に計算しなければならない点です。こんな時にメモリーが使えると大変に便利です。

● 例　　題 ●

(1) $$\frac{150 + 670 - 260}{200 + (330 + 220) \div 1.1} =$$

(2) $$\frac{270}{270 + 330 + 300} =$$

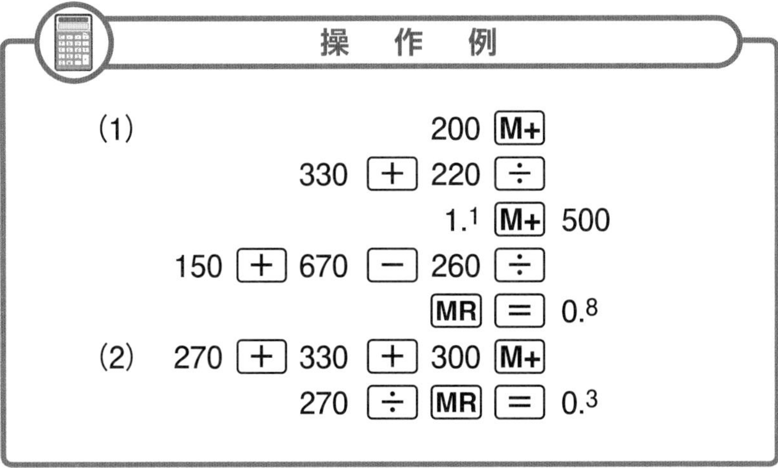

操　作　例

(1)
200 [M+]
330 [+] 220 [÷]
1.1 [M+] 500
150 [+] 670 [−] 260 [÷]
[MR] [=] 0.8

(2)
270 [+] 330 [+] 300 [M+]
270 [÷] [MR] [=] 0.3

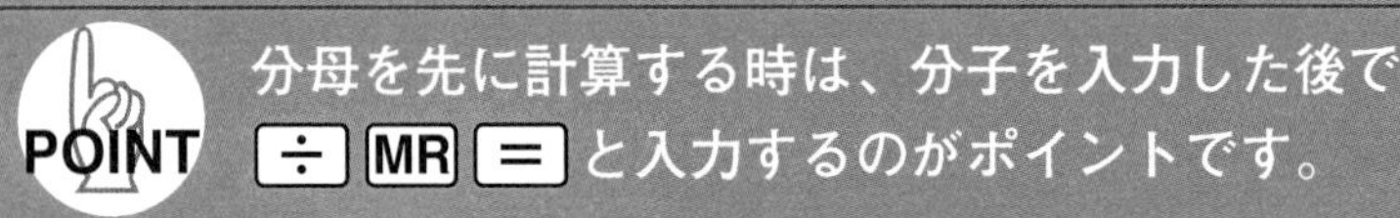

POINT
分母を先に計算する時は、分子を入力した後で [÷] [MR] [=] と入力するのがポイントです。

メモリー機能を完全にマスターしよう

一般的な計算は、[+] [−] [×] [÷] [=] のキー操作で全て可能です。しかし、少し難しい計算になるとメモリー計算ができなければ、算式の途中でメモを取らなければなりません。念のため最後にもう一度メモリー操作を練習しましょう。

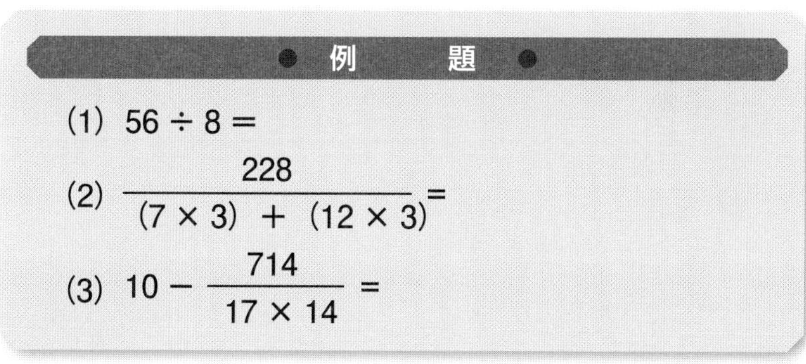

例題

(1) $56 \div 8 =$

(2) $\dfrac{228}{(7 \times 3) + (12 \times 3)} =$

(3) $10 - \dfrac{714}{17 \times 14} =$

操作例

(1)	分母から	C社	8	[M+]	56	[÷]	[MR]	[=]	7	
	分子から	S社	56	[M+]	8	[÷]	[=]	[MR]	[=]	7
(2)					7	[×]	3	[M+]		
					12	[×]	3	[M+]		
					228	[÷]	[MR]	[=]	4	
(3)					17	[×]	14	[M+]		
					714	[÷]	[MR]	[=]		
						[−]	10	[=]	−7	
								[+/−]	7	

⑪ ラウンドセレクターキー（F、C、5/4）

小数点以下をどのように示すかを指示するキーです。

F

小数点以下を表示窓に可能な桁まで表示します。

C (cut)

小数点以下を指定桁で切り捨てることができます。切り捨てる桁の指定は下記⑫小数点セレクターで指定します。

5/4

小数点以下を指定桁で四捨五入します。この四捨五入する桁の指定は下記 ⑫ 小数点セレクターで指定します。

⑫ 小数点セレクター（54320）

上記⑪ ラウンドセレクターキーを C (cut) または 5/4 にセットしてある際に、何桁で切り捨て、四捨五入をするかの指示を指定する際に用います。

ラウンドセレクターキーを F にしてある際には、小数点セレクターは機能しません。

ワンポイント・アドバイス

電卓を簿記の計算で使用する場合には、ラウンドセレクターキー、小数点セレクター、またグランドトータルキーは、次のようにセットしておきましょう。通常の計算では、これらを操作して特別な指示をするようなことはありません。自分の電卓を友人などに貸したりすると、これらのキーを物珍しさで変更したまま、返してもらうことがありますから、使用していて、いつもと違うと感じた時は点検してみましょう。

C社

C社の電卓では、ラウンドセレクターキーをフロー F にしておけば、小数点セレクターはどこにあっても心配ありません。念のために「5」の位置にしておけば安心です。

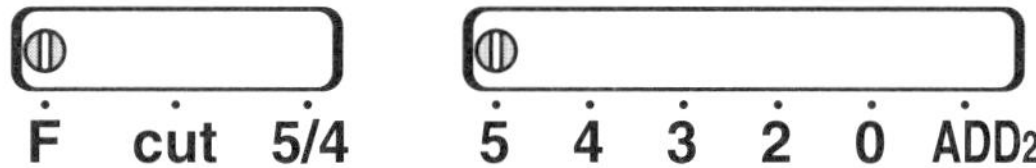

S社

S社の電卓は、ラウンドセレクターキーをフロー F にしておきます。さらに、5/4 ↓ のスイッチがありますが、ラウンドセレクターキーが F になっているのでこのキーを、操作する必要はありません。

また、S社の電卓には GT ・ のキーがあります。これはS社の独自のもので、このキーを GT 側にしておけば = % を押した時に得られる数値がグランドトータルに加算されます。(次のセクションを参考にしてください)

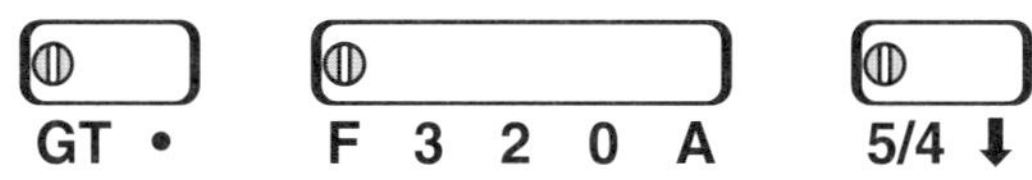

2) 電卓を使っての特殊な計算

1 定数計算 ーその１、定数加算ー

電卓は、定数計算にもその威力を発揮します。定数計算とは、ある決まった数字に、いろいろな数字を [＋] [－] [×] [÷] [＝] する計算です。

まず最初に説明するのが、ある決まった数字にさまざまな数字を加算する計算（例　43＋16＝　、43＋24＝　、43＋31＝　…）また逆にさまざまな数字にある決まった数字を加算する計算（25＋18＝　、35＋18＝　、27＋18＝　…）で、定数加算と呼ばれる計算です。

Check 電卓メーカーチェック!!

電卓メーカーにより操作手順に若干の違いがあります。皆さんの電卓はいずれの機能を持っているかまず下記の操作で確認をして下さい。

5 + 5=　C社　5 [＋] [＋] [＝]　10（「K」の表示あり）
　　　　S社　5 [＋] [＝] [＝]　10

（最初の設定）

これは最初の設定（[＋] [＋]、[＋] [＝]）がどのように行われたかの違いによるものです。

例　題

1. 決められた数字に加算する場合
   43+16=　　　　、43+24=　　　　、43+31=
2. さまざまな数字に決められた数字を加算する場合
   25+18=　　　　、35+18=　　　　、27+18=

操　作　例

C 社

(1) 43 [＋][＋] 16 [＝] 59
24 [＝] 67
31 [＝] 74

(2) 18 [＋][＋] 25 [＝] 43
35 [＝] 53
27 [＝] 45

S 社

(1) 43 [＋][＝] 16 [＝] 59
24 [＝] 67
31 [＝] 74

(2) 18 [＋][＝] 25 [＝] 43
35 [＝] 53
27 [＝] 45

2 定数計算　－その 2、定数減算－

ある数字から一定数を順次マイナスする計算（40 － 5 ＝　、－ 5 ＝　、－ 5 ＝　…）や、さまざまな数字から一定数をマイナスする計算（43 － 12=　、29 － 12=　、31 － 12=　…）を定数減算といいます。

Check 電卓メーカーチェック!!

定数減算の場合には、電卓メーカーの違いによりその操作が若干異なります。

C 社 → まず定数となる数字を最初にセットする。
S 社 → 定数となる数字をあとからセットする。

25 － 25= **C 社** 25 [－][－][＝] 0（「K」の表示あり）
S 社 25 [－][＝] － 25

例　題

1. ある数字から一定数をマイナスする場合
   40 − 5 − 5 − 5 − 5 ＝
2. さまざまな数字から一定数をマイナスする場合
   43 − 12= 　、29 − 12= 　、31 − 12=

操　作　例

C社

(1)　5 [−][−] 40 [＝] 35
[＝] 30
[＝] 25
[＝] 20

(2)　12 [−][−] 43 [＝] 31
29 [＝] 17
31 [＝] 19

S社

(1)　40 [−] 5 [＝] 35
[＝] 30
[＝] 25
[＝] 20

(2)　43 [−] 12 [＝] 31
29 [＝] 17
31 [＝] 19

電卓を使っての特殊な計算
その1　定数加算
その2　定数減算

3 定数計算 ーその 3、定数乗算ー

一定の決まった数字に異なる数字を何度も掛ける計算（23 × 14= 、23 × 9 = 、23 × 11 = …）や、いろいろな数字に一定の数字を掛ける計算（7 × 12 = 、17 × 12 = 、18 × 12 = …）を定数乗算といいます。

Check 電卓メーカーチェック!!

定数乗算では、定数加算と同様に、どちらから掛け算をしても結果は同じです。

6 × 6= C 社 6 [×] [×] 6 [=] 36（「K」の表示あり）

S 社 6 [×] 6 [=] 36

例　題

1. 一定の定まった数字に異なる数字を何度も掛ける場合
   23 × 14= 、23 × 9= 、23 × 11=
2. いろいろな数字に一定の数を掛ける場合
   7 × 12= 、17 × 12= 、18 × 12=

操　作　例

C 社

(1) 23 [×] [×] 14 [=] 322
9 [=] 207
11 [=] 253

(2) 12 [×] [×] 7 [=] 84
17 [=] 204
18 [=] 216

S 社

(1) 23 [×] 14 [=] 322
9 [=] 207
11 [=] 253

(2) 12 [×] 7 [=] 84
17 [=] 204
18 [=] 216

4 定数計算 ーその 4、定数除算ー

さまざまな数字を一定の数字で順次割る計算（240 ÷ 30 = 　、270 ÷ 30 = 　、420 ÷ 30 = 　…）や、一定の数字をさまざまな数字で割る計算（200 ÷ 40 = 　、200 ÷ 50 = 　、200 ÷ 20 = 　…）を定数除算といいます。

Check 電卓メーカーチェック!!

定数減算の「電卓メーカーチェック !!」で説明した通り、まず定数となる数字を最初にセットするC社と、定数となる数字を後からセットするS社のものがある。

8 ÷ 8= C社 8 [÷] [÷] 8 [=] 1（「K」の表示あり）
S社 8 [÷] 8 [=] 1

例題

1. さまざまな数字を一定の数字で順次割る場合
   240 ÷ 30= 　、270 ÷ 30= 　、420 ÷ 30=
2. 一定の数字をさまざまな数字で割る場合
   200 ÷ 40= 　、200 ÷ 50= 　、200 ÷ 20=

操作例

(1) C社

30 [÷] [÷] 240 [=] 8
270 [=] 9
420 [=] 14

S社

30 [M+] 240 [÷] [RM] [=] 8
270 [÷] [RM] [=] 9
420 [÷] [RM] [=] 14

(2) C社 S社

200 [M+] [÷] 40 [=] 5
[MR] [÷] 50 [=] 4
[MR] [÷] 20 [=] 10

5 累乗計算

ある数字の2乗、3乗、4乗…を求める計算をいいます。電卓では同じ数字を繰り返して入力しなくても [=] を繰り返し押すことによりこの計算をすることができます。

Check 電卓メーカーチェック!!

4 × 4 × 4=
C社 4 [×] [×] [=] 16、[=] 64
S社 4 [×] 4 [=] 16、[=] 64

例　題

1. 7の4乗（7^4）の計算をしなさい。
2. 6の5乗（6^5）の計算をしなさい。

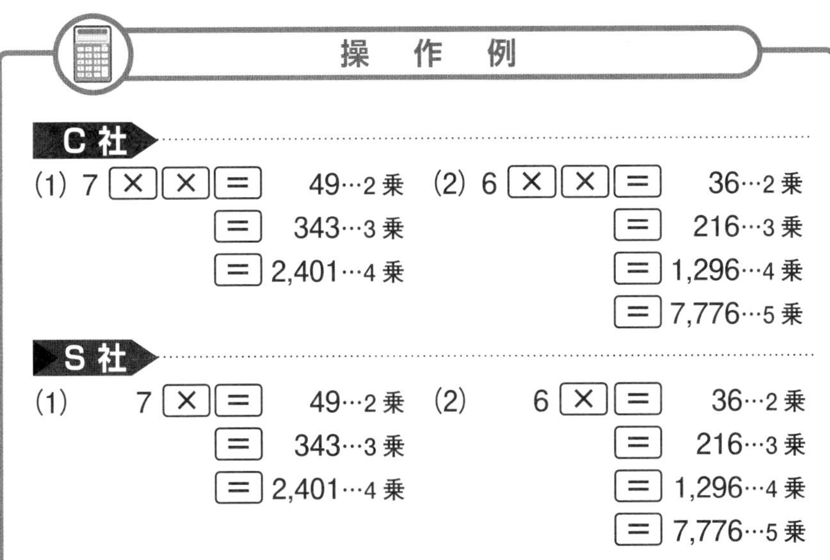

参考　C社、S社ともにいずれにしても［＝］を繰り返し押さなければなりません。

そこで次のような累乗計算の場合には、下記に示すような電卓操作により答えを求めることができます。

例　題

1. 3の4乗（3^4）の場合
2. 4の8乗（4^8）の場合

操　作　例

C社

(1) 3［×］［×］［＝］ 9…2乗
［×］［＝］ 81…4乗

(2) 4［×］［×］［＝］ 16…2乗
［×］［＝］ 256…4乗
［×］［＝］ 65,536…8乗

S社

(1) 3［×］［＝］ 9…2乗
［×］［＝］ 81…4乗

(2) 4［×］［＝］ 16…2乗
［×］［＝］ 256…4乗
［×］［＝］ 65,536…8乗

電卓を使っての特殊な計算
その3　定数乗算
その4　定数除算
その5　累計計算

まとめ

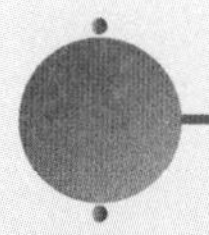

電卓操作上達へのステップ

上達するためには、できるだけキーを見ないで、同じ指で同じキーが打てるようになるまで練習しましょう。一番多い計算は［＋］［－］の加減算です。したがって、電卓の計算練習をする時には、［＋］［－］の加減算をブラインドタッチで打てるようになるまで練習するのが電卓を速く正確に打つことへの近道です。

何を用いて加減算の練習をすればいいのでしょう。

「電卓検定」専門練習帳を購入すれば、その中に、見取算（加減算）の問題が数多く出ています。それぞれの力量に応じて６～７級ぐらいから練習を始めるのがいいでしょう。

すでに簿記の学習を始めているのであれば、電卓の練習問題集など購入する必要はありません。簿記のテキストや問題集の中に試算表や精算表がありますから、これを用いて時間がある時に加減算の練習をどんどんしてください。

できるだけ数字を短い時間で頭の中にインプットして、同じ指でキーを操作するのを忘れないようにしてください。

ブラインドタッチ

索引

本書の特典のご案内

● **電子書籍**
本書の全文の電子版（PDF）を無料でダウンロードいただけます。

● **音声講義**
本書の解説記事の音声講義（mp3）を無料でダウンロードいただけます。

「電子書籍」と「音声講義」は、以下のURLからダウンロードいただけます。

（インプレス書籍サイト） URL：https://book.impress.co.jp/books/1120101122

※ダウンロードには、無料の読者会員システム「CLUB Impress」への登録が必要となります。
※画面の指示に従って操作してください。

● **無料質問**
受験勉強に関する疑問や不明点がありましたら、著者に直接質問ができます。「堀川塾」の「質問はこちらから」をご利用ください。

（※本書の記述に関する不明点や誤記などの指摘は、上記、インプレス書籍サイトの「お問い合わせ」よりお問い合わせください）

（堀川塾） URL：http://www.horikawajuku.com/

STAFF
編　　集　大西強司（とりい書房有限会社）
　　　　　片元　諭
イラスト　野川育美
編 集 長　玉巻秀雄

■ 商品に関する問い合わせ先
インプレスブックスのお問い合わせフォームより入力してください。
https://book.impress.co.jp/info/
上記フォームがご利用頂けない場合のメールでの問い合わせ先
info@impress.co.jp

- ●本書の内容に関するご質問は、お問い合わせフォーム、メールまたは封書にて書名・ISBN・お名前・電話番号と該当するページや具体的な質問内容、お使いの動作環境などを明記のうえ、お問い合わせください。
- ●電話やFAX等でのご質問には対応しておりません。なお、本書の範囲を超える質問に関しましてはお答えできませんのでご了承ください。
- ●インプレスブックス（https://book.impress.co.jp/）では、本書を含めインプレスの出版物に関するサポート情報などを提供しておりますのでそちらもご覧ください。
- ●該当書籍の奥付に記載されている初版発行日から4年が経過した場合、もしくは該当書籍で紹介している製品やサービスについて提供会社によるサポートが終了した場合は、ご質問にお答えしかねる場合があります。

■ 落丁・乱丁本などの問い合わせ先
TEL 03-6837-5016 FAX 03-6837-5023
service@impress.co.jp
（受付時間／10:00-12:00、13:00-17:30 土日、祝祭日を除く）
●古書店で購入されたものについてはお取り替えできません。

■書店／販売店の窓口
株式会社インプレス 受注センター
TEL 048-449-8040
FAX 048-449-8041
株式会社インプレス 出版営業部
TEL 03-6837-4635

文系女子のための日商簿記入門 第2版

2021年3月11日 初版発行

著 者 堀川（ほりかわ） 洋（よう）

発行人 小川 亨

編集人 高橋隆志

発行所 株式会社インプレス
〒101-0051 東京都千代田区神田神保町一丁目105番地
ホームページ https://book.impress.co.jp/

印刷所 日経印刷株式会社

ISBN978-4-295-01104-0 C2034

Printed in Japan